Sämmtliche Werke: Poetische Übersetzungen Und Nachbildungen, Nebst Erläuterungen Und Abhandlungen...

August Wilhelm von Schlegel

August Wilhelm von Schlegel's

Poetische Uebersetzungen

und

Nachbildungen

nebst

Erläuterungen und Abhandlungen.

Herausgegeben

von

Eduard Böcking.

❧

Zweiter Theil.

Leipzig,

Weidmann'sche Buchhandlung.

1846.

August Wilhelm von Schlegel's

sämmtliche Werke.

Herausgegeben

von

Eduard Böcking.

Vierter Band.

x

Leipzig,
Weidmann'sche Buchhandlung.
1846.

Inhaltsverzeichniß.

———

IV.

Aus dem Italiänischen, Spanischen und Portugiesischen.

(Fortsetzung).

Petrarca.

Sonett.

Ihr, die ihr hört in manch zerstreuter Zeile
    Der Seufzer Ton, die mir das Herz genähret
    So lang' der erste Jugendwahn gewähret,
    Da ich ein Andrer war wie jetzt zum Theile:

Von jedem, der erprobt der Liebe Pfeile,
    Hoff' ich, wenn ihm manch wechselnd Blatt erkläret,
    Wie eitles Leid und Hoffen mich verzehret,
    Wird nicht Verzeihn bloß, Mitleid mir zu Theile.

Wohl seh' ich jetzt, wie ich zu lange Zeiten
    Der Menschen Fabel war, und muß entbrennen
    Vor Scham, wenn ich mich mahn' an mein Versäumen.

Und Scham ist nun die Frucht der Eitelkeiten,
    Und büßendes Bereu'n und klar Erkennen,
    Daß, was der Welt gefällt, ein kurzes Träumen.

Als Vorrede der von dem Dichter selbst, vermuthlich ganz nach der Zeitfolge, geordneten Sammlung vorangesetzt, folglich zuletzt geschrieben.

Sonett 2.*)

Es war der Tag **), wo man der Sonne Strahlen
   Mitleid um ihren Schöpfer sah entfärben:
   Da gieng ich sorgenlos in mein Verderben,
   Weil eure Augen mir die Freiheit stahlen.

Die Zeit schien nicht gemacht zu Amors Wahlen,
   Und Schirm und Schutz vor seinem Angriff werben,
   Unnöthig; so begannen meine herben
   Drangsale mit den allgemeinen Qualen.

Es fand der Gott mich da ohn' alle Wehre,
   Den Weg zum Herzen durch die Augen offen,
   Durch die seitdem der Thränen Flut gezogen.

Doch, wie mich dünkt, gereicht's ihm nicht zur Ehre:
   Mich hat sein Pfeil in schwachem Stand getroffen,
   Euch, der Bewehrten, wies er kaum den Bogen.

---

*) In den Ausgaben, welche das vorhergehende nicht mitzählen, nach welchen ich die Zahl angeben werde, Son. 2.

**) Der Charfreitag, als Jahrstag dessen, an welchem er Laura zuerst gesehen hatte, welches nach seiner eignen Angabe am 6. April 1327 war. Uebrigens erheben sich chronologische Schwierigkeiten gegen dieses Zusammentreffen.

Sonett 6.

Nach Einigen an Boccaccio, nach Andern an eine Dichterin
gerichtet; beide Annahmen sind ohne hinreichenden Grund. Gewiß
aber redet der Dichter einen Freund an, der ein großes wißen=
schaftliches oder dichterisches Unternehmen vorhatte.

Schlaf, träge Pfülben, Prasserei verjagen
   So aus der Welt jeglicher Tugend Streben,
   Daß, der Gewohnheit gänzlich hingegeben,
   Unsre Natur aus ihrer Bahn verschlagen.

Am Himmel will kein mildes Licht mehr tagen,
   Wodurch sich sonst gestaltet menschlich Leben;
   So daß man den zum Wunder sieht erheben,
   Der Quellen aus dem Helikon will schlagen.

Wer ist, dem noch an Myrt', an Lorbeer läge?
   Arm kommst du, nackt, Philosophie, geschritten:
   So spricht das Volk, nur trachtend zu gewinnen.

Wenig Gefährten auf dem andern Wege
   Findst du; drum muß ich, edler Geist, dich bitten,
   Nicht fahren laß dein großgeherzt Beginnen.

Sonett 8.

Wenn der Planete*), der die Stunden scheidet,
    Zum Zeichen wieder sich des Stiers**) erhoben,
    Fällt aus den Flammenhörnern Kraft von oben,
    So ganz die Welt in neue Farbe kleidet.

Und nicht nur was den Blick von außen weidet,
    Bach, Hügel, wird mit Blümlein rings umwoben,
    Nein, auch der Erd' inwend'ges Feucht gehoben,
    Geschwängert was den Tag, verborgen, weidet.

Vielfält'ge Frucht entquillet diesem Triebe;
    So sie, die unter Frauen eine Sonne,
    Zuwendend mir der schönen Augen Schimmer,

Wirkt in mir Wort, Gedanken, That der Liebe:
    Jedoch, wie sie auch lenkt der Strahlen Wonne,
    Frühling nur ist für mich von nun an nimmer.

---

*) Die Sonne.
**) Im Frühlinge.

Sonett 9.

Glorreiche Säul' *), auf die sich unsre Plane
    Und der Lateiner großer Name bauen,
    Die Jovis Zorn mit stürmisch finsterm Grauen
    Noch niemals abgelenkt zu irrem Wahne:

Hier nicht Palläste, Bühnen, noch Altane,
    Nein Tannen, Buchen, Fichten, von den Auen
    Bis zu des nahen schönen Berges Brauen,
    Den dichtend ich mir auf und nieder bahne,

Erheben unsre Geister von der Erden;
    Und dann die Nachtigall in schatt'gen Ranken,
    Die alle Nächte süße Klag' anstellet,

Beladet unser Herz mit Liebsgedanken.
    So groß Gut muß nur unvollkommen werden,
    Weil du von uns, mein Herr, dich abgesellet.

---

*) Unter diesem Bilde bezeichnet der Dichter immer, mit An-
spielung auf den Namen, die große römische Familie der Colonna,
und insbesondere Jakob Colonna, den Sohn des Stefano und
Bischof von Lombes, dessen Freund und Hausgenoße er war.

Ballate 1.

Vom Schleier geht ihr, in der Sonn', im Schatten,
   O Herrin! stets umfangen,
   Seit meine Brust verrieth ihr groß Verlangen,
   Das keinem andern Wunsch will Raum gestatten.

Als ich geheim Gedanken noch gefeiert,
   Die mit der Sehnsucht Netz die Seel' umgarnet,
   Wähnt' ich, daß Mitleid euer Antlitz schmücke.
   Doch als euch Lieb' einmal vor mir gewarnet,
   Ward alsobald das blonde Haar verschleiert,
   Und wich der holde Blick in sich zurücke.
   Versagt ist mir mein schönstes Theil am Glücke;
   Der Schleier, allzu herbe,
   Will, so bei Hitz' als Frost, damit ich sterbe,
   Mir eurer Augen süßes Licht umschatten.

Dieselbe. (Sonett).

O Donna! wallt denn ewig dieser Schleier
    Um euer Haupt, im Sonnenlicht und Schatten?
    Sonst lächelte mir diese Stirne freier,
    Und mit dem Lächeln schien sich Huld zu gatten.

Doch kaum verrieth mein Blick durch rasches Feuer
    Geheimnisse, die längst gequält mich hatten
    (Ach! Donna, meinen Vorwitz büß' ich theuer),
    So mußt' ein Flor dieß Antlitz überschatten.

Erlöst die goldnen Haare doch vom Netze,
    Und strahlen laßt entwölkt die holden Sonnen,
    Die mich vorlängst mir selber abgewonnen!

Ich will ja gern von Stund' an die Gesetze
    Der Unschuld heilig halten: will nicht klagen,
    Und meine Flamm' im tiefsten Busen tragen.

Sonett 13.

Der grau' und weiße Alte läßt die Schranken
  Des süßen Orts, der immer ihn umgeben,
  Und die Familie, die in Noth muß schweben,
  Da sie den theuren Vater sieht erkranken.

Dann schleppt er den bejahrten Leib mit Schwanken
  Die letzten Tagereisen durch im Leben;
  Hilft sich, so viel er kann, mit will'gem Streben,
  Von Jahren mürbe, wenn die Tritt' ihm wanken.

Und kommt nach Rom, befolgend das Verlangen,
  Des Abbild*) zu betrachten, den er droben
  Einst noch zu sehn hofft in des Heils Gefilde.

So, Herrin, bin ich Armer wohl gegangen,
  An Andern suchend, so viel möglich, Proben
  Von dem begehrten wahren eurem Bilde.

---

*) Christi auf dem Tuche der heil. Veronika.

Sonett 16.

Es giebt Geschöpfe, welche nicht erblinden,
 Obwohl sie stolz der Sonne schau'n entgegen;
 Andre, die Abends nur hervor sich regen,
 Weil schmerzlich sie das starke Licht empfinden.

Als müße Lust sich mit dem Glanz verbinden,
 Lockt andre noch das Feu'r, bis sie verwegen
 Der andern Kraft, der, welche brennt, erlegen.
 Ich leider muß in dieser Schar mich finden.

Denn dieser Frau'n Lichthelle zu bestehen,
 Bin ich nicht stark; und mir zum Schutze taugen
 Nicht düstre Winkel oder späte Stunden.

So führt mit thränenvollen kranken Augen
 Mich mein Verhängniß immer, sie zu sehen,
 Und ich weiß wohl, ich suche meine Wunden.

Sonett 18.

Viel tausendmal, o süße Kriegerinne,
  Bot ich mein Herz euch dar, damit mir Frieden
  Von euren schönen Augen wär' beschieden;
  Doch ihr seht drüber hin mit stolzem Sinne.

Und hofft ein andres Weib, daß sie's gewinne,
  So ist sie von der Wahrheit ganz geschieden.
  Mein, weil ich muß verschmäh'n, was ihr gemieden,
  Kann es nicht mehr so sein, wie vom Beginne.

Verjag' ich's nun, und in dem Bann erduldet
  Es eure Härte, kann allein nicht bleiben,
  Noch hingehn auch, wo man ihm Zuflucht giebet:

Da möcht' es ganz aus seiner Laufbahn treiben;
  Dann hätten wir es beide schwer verschuldet,
  Ihr aber um so mehr, je mehr's euch liebet.

Sonett 24.

Je minder ich vom letzten Tag geschieden,
    Der kurz zu machen pflegt menschliche Wehen,
    Je mehr seh' ich die Zeit behende gehen,
    Und von der falschen Hoffnung mich gemieden.

Ich sage meinem Sinn: Nicht lang' hienieden
    Wird unser Liebes-Reden mehr bestehen:
    Die schwere irb'sche Last will ja zergehen
    Wie frischer Schnee; dann aber kommt uns Frieden.

Weil fallen wird mit ihr, dieß was ich hoffte,
    Wovon so langes Wähnen mich begleitet,
    Und Lachen, Weinen, Bangen, Zürnen, Lechzen.

Klar werden wir dann einsehn, wie man ofte
    Um zweifelhafte Dinge vorwärts schreitet,
    Und wie wir oftermals vergeblich ächzen.

Gesualdo deutet dieß Sonett auf eine Krankheit der Laura,
welche wirklich in den vorhergehenden und folgenden erwähnt wird;
doch scheint es mehr auf die dadurch verursachte Lebensmüdigkeit des
Dichters selbst zu gehen.

Sonett 26.

Apollo, lebet noch dein hold Verlangen,
    Das an thessal'scher Flut die blonden Haare
    In dir entflammt, und ist's im Lauf der Jahre
    Nicht unter in Vergeßenheit gegangen:

Vor Frost und Nebeln, welche feindlich hangen,
    So lang' sich uns dein Antlitz birgt, das klare,
    Jetzt dieß geehrte heil'ge Laub bewahre,
    Wo du zuerst und ich dann ward gefangen.

Und durch die Kraft von dem verliebten Hoffen,
    Das in der Jugend nicht dich ließ vergehen,
    Laß, von dem Druck befreit, die Luft erwarmen.

So werden wir, von Staunen froh getroffen,
    Im Grünen unsre Herrin sitzen sehen,
    Und sich beschatten mit den eignen Armen.

Laura wird vom Petrarca mit Anspielung auf den Namen
häufig unter dem Sinnbilde des Lorbeers (lauro) vorgestellt. Die
gemeine Meinung ist, dieß Sonett sei bei Pflanzung eines jungen
Lorbeerbaumes geschrieben; es kann aber ganz allegorisch verstanden werden, als eine Bitte an den Apoll, durch heitere Witterung
Lauras Genesung zu befördern.

Dasselbe.

(Aeltere Nachbildung.)

Phöbus! hat das zärtliche Verlangen,
Dem du einst in Tempe nachgehangen,
Deinen Busen je und je entflammt;
Haft du mit dem Wechsellauf der Jahre
Der geliebten Nymphe blonde Haare
Zur Vergeßenheit noch nicht verdammt;
O so schirme nun vor wildem Wetter,
Vor dem Froste, der die Fluren drückt,
Wenn dein milder Strahl sie nicht erquickt,
Dieses Baumes hochgeweihte Blätter,
Der mich jetzt, wie dich vordem, bestrickt!
Um der Hoffnung willen, um der Liebe,
Welcher deine Jugend sich ergab!
Schau von deiner hohen Bahn herab,
Daß die Luft kein böser Nebel trübe!
Beide seh'n wir dann, erstaunt und froh,
Wie die Nymphe, die uns spröde floh,
Hier am Bache sitzt auf grünen Matten,
In der eignen Arme kühlem Schatten.

Sonett 27.

Allein, nachdenklich, wie gelähmt vom Krampfe,
   Durchmeß' ich öde Felder, schleichend träge,
   Und wend' umher den Blick, zu fliehn die Stege,
   Wo eine Menschenspur den Sand nur stampfe.

Nicht andre Schutzwehr find' ich mir im Kampfe
   Vor dem Erspäh'n des Volks in alle Wege,
   Weil man im Thun, wo keine Freude rege,
   Von außen lieset, wie ich innen dampfe.

So daß ich glaube jetzt, Berg und Gefilde,
   Und Fluß und Waldung weiß, aus welchen Stoffen
   Mein Leben sei, das sich verhehlt jedweden.

Doch find' ich nicht so rauhe Weg' und wilde,
   Daß nicht der Liebesgott mich stets getroffen,
   Und führt mit mir, und ich mit ihm dann Reden.

Madrigale.

1.

(Ballata III.)

Diana schien nicht dem Verliebten beßer,
Als er sie sah, geführt durch sein Gestirne,
Ganz nackt inmitten kühler Quellgewäßer,
Als mir die alpenliche Schäferdirne,
Die badend steht ein zierliches Gewebe,
Zur Hülle jener blondumlockten Stirne;
So daß ich, wie die Sonn' auch glühend schwebe,
Ganz in verliebtem Frost davon erbebe.

II.

(Ballata IV.)

Weil sie im Antlitz trug der Liebe Zeichen,
So wandt' auf eine Pilgerin sich gerne
Mein eitles Herz; mir schien sie ohne Gleichen.
Ich folgt' ihr nach im Grünen, als zu Ohren
Mir eine hohe Stimme scholl von ferne:
Ach, wie viel Schritt' im Walde du verloren!
Da hielt in einer schönen Buche Schatten
Ich sinnend inne, sah, wie irre Tritte
Mir mit Gefahr die Reis' umgeben hatten,
Und wandte mich, fast um des Tages Mitte.

III.

(Ballata VIII.)

Ein Englein, das behende Flügel spreitet,
Schwang sich vom Himmel zu den Quellgestaden,
Wo mein Geschick allein vorbei mich führte.
Da es mich einsam sah und unbegleitet,
Legt' es im Rasen der begrünten Pfade
Mir eine Schlinge, die's von Seide schnürte.
Ich ward verstrickt; doch hat mir's nicht mißfallen,
So süßes Licht ließ es vom Auge wallen.

2*

Sonett 56.

Auf ein Bildniß der Laura von Simon von Siena.

Ob Polyklet, und wen die Kunst noch priese,
　　Wetteifernd schaute, würd' in tausend Jahren
　　Er nicht der Schönheit kleinsten Theil gewahren,
　　Womit mein Herz hat überwunden diese.

Gewiß, mein Simon war im Paradiese,
　　Woher die Hohe kam aus sel'gen Scharen,
　　Entwarf ihr Bild, und wollt' uns offenbaren,
　　Wie dort ihr schönes Antlitz sich erwiese.

Das Werk ist, wie, von Himmelslicht erhellet,
　　Der Geist es bildet; nicht auf ird'schen Fluren,
　　Wo sich des Leibes Hüll' entgegen stellet.

Huld schuf, und konnt' es nur, eh zu Naturen,
　　Die Frost und Hitze trifft, er sich gesellet,
　　Und seine Augen Sterbliches erfuhren.

Sonett 68.

Die goldnen Haare mit der Luft sich schwangen,
　Die sie in tausend süße Schlingen legte,
　Und ohne Maß das holde Licht sich regte
　Der Augen, die zu geizen angefangen.

Es dünkte mich, als ob in ihren Wangen
　Des Mitleids Farbe leise sich bewegte:
　Ich, der im Busen Liebeszunder hegte,
　Was Wunder, wenn ich plötzlich Feu'r gefangen?

Ihr Wandeln war nicht aus dem irb'schen Reiche,
　Nein, Engels-Art; und ihrer Worte Wonne
　Scholl anders wie von eines Menschen Munde.

Ein Geist des Himmels und lebend'ge Sonne
　War was ich sah: und wär's nicht mehr das Gleiche:
　Kein abgespannter Bogen heilt die Wunde.

Dasselbe.

(Aeltere Bearbeitung.)

In tausend kleine Ringel von den Winden
   Verwickelt flog der Haare lichtes Gold;
   Die Augen blitzten unaussprechlich hold,
   Und schienen rings den Aether zu entzünden.

Die Mienen sprachen sanftes Mitgefühl,
   Wo nicht des Wunsches Gaukelei mich täuschte:
   Ich, dessen Brust schon lange Liebe heischte,
   Was Wunder, wenn ich in die Schlinge fiel?

Sie wandelte mit einer Göttin Gange,
   Und ihre Rede riß mit Himmelsklange
   Mich über Erd' und Sterblichkeit empor;

Nichts kam ihr gleich auf diesem Erdenrunde;
   Und wenn sie auch an Zaubermacht verlor,
   Heilt Abspannung des Bogens je die Wunde?

Sonett 70.

Auf den Tod des damals berühmten Dichters Cino von Pi=
stoja, aus welcher Stadt Petrarcas Familie verbannt war.

Wehklagt, ihr Frau'n! mit euch wehklage Liebe!
   Wehklagt, ihr Liebenden, in allen Landen!
   Weil todt ist der mit Fleiß dem vorgestanden,
   Wie lebenslang er euch zu Ehren schriebe.

Ich bitte, meinem bittern Schmerz*) geliebe,
   Daß Thränen mir von ihm sei'n zugestanden,
   Und laße mir die Seufzer nicht abhanden,
   So viel vonnöthen meines Herzens Triebe.

Wehklagen auch die Vers' und Liederreime,
   Sintemal unser minnigliche Meister
   Cino von hinnen neuerdings gegangen.

Pistoja klag', und die verkehrten Geister,
   Wo solch ein süßer Bürger war daheime,
   Und freu' der Himmel sich, der ihn empfangen.

---

*) Dem Schmerz der Liebe, der seine ganze Seele einnahm.

Canzone 14.

Frisch, hell' und süße Fluten,
   Wo*) sie die schönen Glieder
   Gebettet, die allein mir Weib geschienen!
Laub-Ast, der, wo sie ruhten,
   Mit Seufzen denk' ich's wieder,
   Dem schönen Leib zur Säule durfte dienen!
Gras, Blumen rings an ihnen,
   Die sammt des Kleides Falten
   Der Engelbusen drückte!
Heil'ge Luft und beglückte,
   Wo Lieb' ihr schönes Aug' an mir ließ walten!
Gehör gebt all' und jede
   Noch meiner klagenden und letzten Rede.

Ist's über mich verhangen
   Vom Himmel ohn' Erbarmen,
   Daß weinend dieses Aug' in Lieb' ersterbe:
So mag nur Gnad' erlangen
   Bei euch der Leib des Armen,
   Und nackt die Seele kehren in ihr Erbe.
Der Tod wird minder herbe,
   Wenn zu der dunkeln Pforte

---

*) An welchen? Die Scene dürfte sich schwerlich mit Sicherheit
ausmitteln laßen.

Mich diese Hoffnung leitet.
Denn nirgend ist bereitet
Dem müden Geist, in friedlicherem Porte,
In still'rer Gruft Umfaßen,
Sein kraftlos Fleisch und sein Gebein zu laßen.

Wohl wird die Zeit noch kommen,
Daß auf gewohnten Wegen
Die schöne sanfte Wilde wieder gehe;
Wo sie mich wahrgenommen
An jenem Tag voll Segen,
Dahin den Blick froh und verlangend drehe,
Mich suchend; und, o Wehe!
Schon Staub nun unter Steinen
Erblickend, Lieb' einhauche
Sich ihr, daß sie verhauche
So süße Seufzer, die mir Gnad' erweinen,
Und heim den Himmel suche,
Die Augen trocknend mit dem Schleiertuche.

Es stieg von schönen Zweigen,
Was noch mich süß erfüllet,
Auf ihren Schooß ein Blüthen=Regen nieder.
Sie saß mit stk'gem Neigen
In solcher Pracht, umhüllet
Von den verliebten Flöckchen hin und wieder.
Eins war zum Saum, eins wieder
Zum blonden Haar geflogen,
Das an dem Tag die Holde
Gleich Perlen flocht und Golde;
Eins ruht' am Boden, eines auf den Wogen;

Eins schien mit irrem Triebe
Kreißend zu sagen: Hier regiert die Liebe.

Wie viele Male mußte
Ich da voll Wunders sagen:
Fürwahr, die ward im Paradies geboren!
So hatt' in's Unbewußte
Ich durch ihr göttlich Tragen,
Antlitz, und Wort und Lächeln mich verloren,
Und einen Wahn erkoren,
So fremd dem Bild des Wahren,
Daß ich die Frag' erhoben:
Wie und seit wann hier oben?
Im Himmel glaubend mich, nicht wo wir waren.
Seitdem gefällt der Rasen
Mir so, daß dort die Sinne nur genasen.

Wenn du die Zierden hätteſt, wie das Wollen,
Du könnteſt aus der Enge
Des Busches dreiſt hervorgehn zu der Menge.

Canzone 16.

An die Machthaber Italiens, über die innerlichen Kriege und
die dabei gebrauchten deutschen Söldner. Die meisten Ausleger
beziehen, durch einen Ausdruck verleitet, das Gedicht auf den Rö=
merzug K. Ludwig des Baiern im J. 1327. Der Abbé de Sade
setzt es nach gründlicherer Untersuchung in das J. 1344, welches
mit der Geschichte Italiens, und der Anordnung der Gedichte
(siehe Son. 95 [96]) übereinstimmt.

Sind, mein Italien, gleich umsonst die Worte
   Bei all der Wunden Fieber,
   Die ich an deinem schönen Leibe sehe:
   Doch biet' ich gern die Seufzer dar, wie Tiber
   Und Arno sich zum Horte
   Sie hofft, und Po, wo ich itzt gramvoll stehe.
   Ordner der Welt, ich flehe,
   Die Liebe, so zur Erd' herab dich brachte,
   Nicht deinem auserkornen Land entziehe.
   Du Herr der Gnaden, siehe,
   Wie kleiner Grund so grimmen Krieg anfachte!
   Wo starr die Herzen machte
   Der wilde Gott der Speere,
   Oeffne sie, Vater, und erschließ' und milbre.
   Und gieb, daß deine Lehre,
   Wer ich auch sei, mein Mund nachdrücklich schildre.

Ihr, denen in die Hand das Glück den Zügel
   Der Lande gab voll Segen,

Denen ihr kein Erbarmen scheint zu zollen!
Was machen hier so viele fremde Degen?
Nur daß die grünen Hügel
Mit dem barbar'schen Blut sich färben sollen?
Euch täuscht ein eitles Wollen;
Kurzsichtig seid ihr, und glaubt weit zu schauen,
Hoffend, daß feile Herzen Treu' bewahren.
Wer mehr besitzt der Scharen,
Muß um so mehr sich seinem Feind vertrauen.
O welche wüste Gauen
Uns diese Sündflut senden,
Die süßen Fluren uns zu überschwemmen!
Wenn dieß von eignen Händen
Uns widerfährt, wer kann das Unheil dämmen?

Wohl sorgsam wollt' uns die Natur umfaßen,
    Da mit der Alpen Schutze
    Dem deutschen Wüthen sie ein Ziel gesatzet.
    Doch blinde Gier, halsstarrig eignem Nutze
    Hat eh nicht abgelaßen
    Bis den gesunden Leib sie wund gekratzet.
    Jetzt wird zugleich geatzet
    In Einer Hürde Raubvieh mit dem zahmen,
    Und immer zu des beßern Theils Beschwerde.
    Daß es noch bittrer werde,
    Ist dieß von jenes rohen Volkes Samen,
    Das, wie wir längst vernahmen,
    So Marius aufgerieben,
    Daß noch der That Gedächtniß nicht versunken,
    Als er, von Durst getrieben,
    Mehr Blut als Waßer aus dem Strom getrunken.

Vom Cäsar schweig' ich, der in allen Fernen
    Das Gras aus ihren Adern
    Bepurpurt, wo er unser Schwert ließ schalten.
    Nun scheint der Himmel wider uns zu hadern,
    Wer weiß, mit was für Sternen;
    Dank euch, die ihr so Großes sollt verwalten.
    Nur eure Zwiste halten
    Den schönsten Theil der Welt in solchem Fluche.
    Welch eine Schuld, welch Urtheil, welch Verhängniß
    Will, daß man in Bedrängniß
    Den Nachbar höhn' und seine Noth heimsuche?
    Daß man im Ausland suche
    Und hege jene Rotte,
    Die ihre Seel', ihr Blut, um Lohn verdinget?
    Ich rede nicht zum Spotte,
    Noch Haßes halb, bloß weil mich Wahrheit bringet.

Habt ihr noch immer nicht aus so viel Proben
    Die bair'sche Tück'*) errathen,
    Die scherzend mit dem Tod den Finger hebet?**)
    Nicht beßre Ernte kommt von solchen Saaten,
    Als daß bei fremdem Toben
    Mehr eures Blutes an der Geisel klebet.
    Nur Eine Frühzeit gebet
    Raum der Besinnung, und ihr werdet finden,
    Wie Andre werth hält wer nicht achtet seiner.
    Edles Blut der Lateiner!
    Du mußt dich dieser Plagen=Last entbinden,

---

    *) Für Deutsche überhaupt, von der näher liegenden Provinz.
    **) Die den Eid leistet, sich muthwillig in die Gefahren des Krieges zu begeben.

Abgöttisch nicht erblinden
Vor Namen ohne Wesen;
Denn daß dieß störr'ge Volk, die Wuth vom Norden,
Zum Meister uns erlesen,
Ist nur durch Sünde Lauf der Dinge worden.

„Ist dieses nicht der Boden, das Gefilde,
Die erst betretnen Auen,
Der Kindheit Wiege, die mich süß gepfleget?
Dieß nicht das Vaterland, mein ganz Vertrauen,
Die Mutter, lieb und milde,
So die Gebeine meiner Eltern heget?"
Um Gott, seid doch beweget
Durch solcherlei, und laßet euch erweichen
Des Volkes Jammerthränen zum Erbarmen.
Es hoffen ja die Armen,
Nächst Gott, von euch nur Ruh; wollt ihr ein Zeichen
Des Mitleids ihnen reichen,
So waffnet sich die Jugend
Wider die Wuth, und bald wird Sieg erworben:
Ist doch die alte Tugend
In der ital'schen Brust noch nicht erstorben.

Betrachtet, Herrn, wie Zeit und Leben fliehen,
Und im Gefolg' von beiden
Der Tod sich dicht an unsern Fersen rege.
Jetzt seid ihr hier: gedenket an das Scheiden;
Denn nackt und einsam ziehen
Muß ja die Seele zu dem dunkeln Stege.
Auf diesem irb'schen Wege
Sei Widerwill' und Haß fortan geendet,

Ein Sturm, der weg das heitre Leben hauchet.
Die Zeit, die ihr verbrauchet
Zu Andrer Noth, sei würd'ger angewendet,
Und Kraft und Witz gespendet
Auf irgend ein Bemühen,
Von welchem Frucht und schönes Lob zu hoffen.
So muß hier Freude blühen,
So findet man den Weg zum Himmel offen.

Mein Lied, ich muß dich warnen,
Bescheidentlich dein Wort zu offenbaren;
Denn stolzen Leuten sollst du dich gesellen,
Und die Gemüther schwellen,
Nach schlimmer Sitte seit uralten Jahren,
Von Feindschaft mit dem Wahren.
Such' dir zu edlen Stützen
Die Wen'gen, die sich für das Gut' entschieden.
Sprich: Wer will mich beschützen?
Ich komm' und rufe: Frieden! Frieden! Frieden!

Canzone 18.

Was es nur Seltnes geben
   Und Eignes mag in fremden Himmelsstrichen,
   Dem werd' ich wohl verglichen:
   So viel, o Liebe, mußtest du mich kosten.
   Es fliegt im fernen Osten
   Ein Vogel, ohne Mitgenoß erkoren,
   Der wieder wird geboren
   Aus freiem Tod zu frisch erneutem Leben.
   So muß auch einsam schweben
   Mein Wille, so, der niedern Erd' entwichen,
   Kühn der Gedanken Flug zur Sonne kehren,
   Und muß sich so verzehren,
   Und wiederholen was ihm erst verstrichen.
   Er brennt und stirbt, und schafft sich neue Glieder,
   Und kann dann wieder mit dem Phönix leben.

Ein Fels ist so verwegen
   Im ind'schen Meere dort, daß er das Eisen
   Von Schiffen, so da reisen,
   Anzieht und raubt, daß sie zu Grunde gehen.
   So muß auch mir geschehen
   Im Meer der Thränen: denn, dem Stolz der schroffen,
   Doch schönen Klippe offen,
   Werd' ich geführt dem Untergang entgegen.
   Nicht kann die Brust mehr hegen
   Mein Herz, das sonst sich wollte hart erweisen:

Mein innrer Halt, hat's fliehend mich zerrißen.
Ein Felsen, mehr beflißen
Auf Fleisch als Stahl, o unerhörte Weisen!
Denn mich, im Fleisch, zieht zu vermiednen Stäten
Eines Magneten süß lebendig Regen.

Es wohnt im Abendlande
Ein Wild, das lieblich und von stillem Wesen
Zur Lust nur scheint erlesen,
Doch Jammer, Weh und Tod trägt's iu den Augen.
Um dieß nicht einzusaugen,
Thut's Noth, daß jeder Blick sie sorgsam fliehet;
Wer nicht die Augen siehet,
Mag wohl das Andre sehn in sicherm Stande.
Doch mich zieh'n starke Bande
Dein Unheil nach; wie hart es mir gewesen
Und sein wird, weiß ich; aber stets getrieben
Von tauben, blinden Trieben,
Läßt mich das heil'ge Antlitz nicht genesen,
Und nichts beschirmt mich vor den Augen milde
Von diesem Wilde in himmlischem Gewande.

Im Süd der Erd' entfloßen
Giebt's einen Quell, benamet von der Sonnen;
Und dieser seltne Bronnen
Kocht bei der Nacht, und wird am Tage kühle,
Und kälter stets, wenn schwüle
Die Sonne höher steigt mit näherm Scheine.
Dieß Looß ist auch das meine,
Der ich als Quell in Thränen mich ergoßen.
Wenn sich das Licht verschloßen,

IV. Band.   3

Das meine Sonn' ist, und die Nacht begonnen
Vor meinem trüben Blick, fern jener Holden,
Dann brenn' ich; doch wenn golden
Die Strahlen aufgehn der lebend'gen Sonnen,
Fühl' ich, von außen, innen umgestaltet,
Mich ganz erkaltet und von Eis umschloßen.

Von einer andern Quelle
Heißt's in Epirus, daß mit kalten Fluten
Sie jeder Fackel Gluten
Auslöschen kann, erloschne neu entflammen.
Mein Gemüth, das den Flammen
Der Liebe stets noch Widerstand gehalten,
Da es sich kaum der Kalten
Genaht, um die ich mich im Gram entstelle,
Entbrannt' es auf der Stelle,
Und mußt' in nie gesehnen Qualen bluten;
Drob hätte sich ein marmorn Herz erbarmet.
Nachdem es so erwarmet,
Ließ sie es kalter Tugend Kraft umfluten.
So zündet sie und löscht mir oft das Herze,
Daß, wild vor Schmerze, ich mich dawider stelle.

Getrennt von uns durch Seen
Sind in der sel'gen Inseln schönen Hainen
Zwei Quellen: von der einen
Stirbt lachend, wer da trinkt, die andre heilet.
Ein ähnlich Schicksal theilet
Mein Leben, daß ich lachend wär' gestorben
Vor Lust, die ich erworben,
Wenn ich nicht müßte schrei'n vor bangen Wehen.

Liebe, die noch mich stehen
Im Schatten heißt des Ruhmes, als den deinen!
Laß von der Quell'*) uns schweigen, die stets fließet,
Doch voller sich ergießet,
Wann sich dem Stier die Sonne will vereinen;
So wie in allen Zeiten weint mein Sehnen,
Doch mehr in jenen, wo ich Sie gesehen.

O Lied, wenn mein Beginnen
Jemand erfragt, so sprich: An hohen Hügeln
Im engen Thal**), woraus die Sorga springet,
Weilt er, und zu ihm bringet
Nur Liebe, die ihm jeden Schritt will zügeln,
Und ein ihn schmelzend Bildniß; sonst den Reden
Von all' und jeden sucht er zu entrinnen.

---

*) Der Sorga.
**) Vaucluse.

Sonett 97.

Die Bläße, so die engelholden Mienen
    Mit einem Abendwölkchen überzog,
    War kaum in stiller Würde mir erschienen,
    Als schon mein Herz auf meine Lippen flog.

Mir schien ihr Herz sich so zu offenbaren,
    Wie dort vor Gott Verklärte sich durchschau'n;
    Doch keiner würd' auf meine Rede bau'n,
    Thät' ich es kund was da mein Geist erfahren.

Sie lächelte mir sittsam, lieb und mild;
    Des schönsten Weibes sanfteste Geberden
    Sind gegen solch ein Lächeln rauh und wild.

Sie neigte wehmuthsvoll die Stirn zur Erden,
    Und schwieg; doch fragte mich ihr leiser Blick:
    Geliebter Freund, wann kehrest du zurück?

Sonett 106.

Das letzte von drei Sonetten gegen den päbstlichen Hof zu Avignon. Der Schluß ist in eine vielleicht absichtliche Dunkelheit gehüllt. Taffoni und Muratori übergehen diese Sonette als vom heil. Stuhle verboten, was Sade widerlegt.

Der Trübsal Born! Herberge du dem Grimme!
　　Schule des Wahns! Tempel der Ketzereien!
　　Sonst Rom, jetzt Babel, falsch, zu maledeien,
　　Um welche schallt so manche Jammerstimme!

O Truges Schmied'! o Kerker, wo das Schlimme,
　　Derweil das Gute stirbt, nur kann gedeihen!
　　Lebend'ger Höll'! ich will's ein Wunder zeihen,
　　Ob Christus nicht zuletzt auf dich ergrimme.

In keusch bemüth'ger Armut erst gegründet,
　　Hebst du die Hörner nun, schamlose Metze,
　　Auf deine Gründer? Worauf steht dein Hoffen?

Auf deine Buhlen? schlecht erworbnen Schätze?
　　Nicht Konstantin kommt wieder*), doch verbündet
　　Nehm' es die trübe Welt, die dieß betroffen.

---

*) Um den Mißbrauch der nach der gewöhnlichen Meinung von ihm gemachten Schenkung zu sehen.

Seſtine 5.

Zum ſüßen Schatten der ſo ſchönen Blätter
    Lief ich, entfliehend einem wilden Strahle,
· Der niederbrannt' auf mich vom dritten Himmel.
    Und ſchon entlaſtete vom Schnee die Hügel
    Der laue Hauch, der uns erneut die Zeiten,
    Und Kräuter blühten auf den Au'n, und Sproßen.

Es ſah die Welt nie ſo anmuth'ge Sproßen,
    Es regte nie der Wind ſo grüne Blätter,
    Als mir ſich wieſen in den erſten Zeiten,
    So daß ich, bange vor dem glüh'nden Strahle,
    Die Zuflucht nicht im Schatten nahm der Hügel,
    Nein, jenes Baums, vor allen werth dem Himmel.

Ein Lorbeer ſchirmte da mich vor dem Himmel.
    Drum, oftmals lüſtern nach den ſchönen Sproßen,
    Zog ich ſeitdem durch Wälder, über Hügel.
    Doch fand ich niemals einen Stamm, noch Blätter,
    So hochgeehrt vom überirb'ſchen Strahle,
    Daß ſie die Art nicht tauſchten mit den Zeiten.

Beſtänd'ger immer nun von Zeit zu Zeiten,
    Hinfolgend, wo der Ruf mir ſcholl vom Himmel,
    Geführt von einem milden hellen Strahle,
    Kehrt' ich fromm wieder zu den erſten Sproßen,
    Sowohl, wenn ſich umhergeſtreut die Blätter,
    Als wenn die Sonne grünen macht die Hügel.

Gefilde, Wälder, Felsen, Flüß' und Hügel,
  Was nur erschaffen ist, erliegt den Zeiten.
  Drum bitt' ich um Verzeihung jene Blätter,
  Wenn ich, nach Umschwung manches Jahrs am Himmel,
  Zu fliehn beschloß die glattbeleimten Sproßen;
  Sobald ich aufgeschaut zum höhern Strahle,

Sonst wurd' ich so gelockt vom süßen Strahle
  Daß ich mit Lust erklomm die höchsten Hügel,
  Um nahn zu dürfen den geliebten Sproßen.
  Das kurze Leben aber, Ort und Zeiten,
  Sie lehren jetzt mich andern Pfad zum Himmel,
  Und Frucht zu tragen, nicht bloß Blüth' und Blätter.

Nun andrer Blätter Lieb', in anderm Strahle,
  Zum Himmel Bahnen über andre Hügel
  Such' ich (wohl ist es Zeit!), und andre Sproßen.

Sonett 113.

O in dem Schmucke glüh'nder Tugend heiße,
   Verklärte Seele, die kein Lied entsiegelt!
   O Sitz der Zucht, so unentweiht verriegelt!
   Thurm, fest erbaut nach hohen Muths Geheiße!

O Flamm'! o Rosen, auf der süßen Weiße
   Des Schnee's verstreut, der reinigend mich spiegelt!
   O Lust, die zu dem Antlitz mich beflügelt,
   Dem keines gleich strahlt, wo die Sonn' auch gleiße!

Mit eurem Namen, wenn so weit verstanden
   Die Reime würden, füllt' ich Bactrien, Thule,
   Tanais, Nil, Atlas, Olymp und Calpe.

Da ich um deren Ohr vergeblich buhle,
   Soll man ihn hören in den schönen Landen,
   Die Apennin theilt, Meer umgiebt, und Alpe.

Sonett 122.

Ich sah der höchsten Schönheit zarte Blüthe,
    Den Reiz, der meine Sinne so verwirrt,
    Daß Alles sonst mir Traum und Schatten wird,
    Gepaart mit Sittenhuld und Engelgüte;

Und sah, von stummer Wehmuth wie berauscht,
    Ihr helles Aug' im Thau der Thränen schwimmen.
    Ach, Wald und Waldstrom hätte wohl gelauscht
    Bei Ihren Reden, Ihren Klagestimmen!

Denn Weisheit, Seelenadel, Lieb' und Gram
    Verbanden da harmonisch sich zu Weisen,
    Die nimmer noch die Welt so süß vernahm.

Es hallte nach in allen Himmelskreißen;
    Es säuselte kein Blatt an Busch und Baum,
    Nur Melodie durchfloß der Lüfte Raum.

Sonett 125.

In welchen Himmelskreißen und Ideen
   Fand die Natur das Urbild, zu gestalten
   Dieß schönste Antlitz, wo ihr höh'res Walten
   Dort oben sie hienieden läßet sehen.

Wo sah man Göttinnen im Hain, in Seen
   Wo Nymphen, Haar so lautern Golds entfalten?
   Welch Herz so manche Tugend in sich halten?
   Wiewohl mein Tod das Ganze muß bestehen.

Der schaut vergeblich nach dem göttlich Schönen.
   Des Blick nie zu den Augen ist erwachet,
   Wie sie holdselig kreißend sich verschönen.

Nicht weiß, wie Liebe heilt und Wunden machet,
   Wer nicht weiß, wie sie seufzt in süßen Tönen,
   Und wie sie süße spricht und süße lachet.

Nach dem Sonett 142.

In dieses Forstes unwirthbarem Schooß,
    Den Reisige nicht ohne Graun betreten,
    Hab' ich Geleit und Waffen nicht vonnöthen:
    Die Liebe macht mich frei und sorgenlos.

Ich wandre hin und singe von der Holden,
    Die, weit entfernt, doch nimmer von mir weicht,
    Und, wie die Morgenröthe hell und golden,
    Das öde Dunkel um mich her verscheucht,

Oft glaub' ich gar vor Augen Sie zu schauen;
    Die Bäume rings — o mein bethörter Sinn! —
    Verwandeln sich in Dirnen und in Frauen,
    Und drängen sich um meine Königin.

Und hör' ich nur der Blätter leises Rauschen,
    Des Baches Murmellauf den Wald entlang,
    Und des Gefieders klagenden Gesang,
    So glaub' ich Ihre Stimme zu erlauschen.

Dieß Waldgebirg, in seiner rauhen Pracht,
    Einsiedlerischen Ruh' und tiefen Nacht,
    Durchschauert mich mit wundersamer Wonne:
    Nur deckt es mir die Strahlen meiner Sonne.

Sonett 153.

Zum weltberühmten Grab' Achills gedrungen
    Rief Alexander aus mit tiefem Stöhnen:
Glückfel'ger, den ein hoher Mund besungen
    In solcher herrlichen Posaune Tönen!

Doch diese Taub', an Reinheit nie bezwungen
    Von allem, was die Welt je mochte krönen,
Ist nur noch matt in meinem Lied' erklungen;
    So wird ihr Looß verhängt der Erde Söhnen.

Sie, werth Homers, und Orpheus, und des Hirten,
    Den Mantuas Gefild' entzückt vernahmen,
Daß sie nur allzeit sängen von der Einen,

Sie haben Sterne, die bloß hierin irrten,
    Dem anvertraut, der ihren schönen Namen
Anbetet, doch ihr Lob wohl mag verkleinen.

Sonett 155.

Es wird mein Schiff, beladen mit Vergeßen,
   Im Winter, Mitternachts, auf rauhen Wogen,
   Durch Scylla und Charybdis hingezogen;
   Am Steuer ist mein Herr, mein Feind, gesessen;

Gedanken an den Rudern, die vermeßen
   Sich, wie es scheint, selbst auf den Sturm getrogen;
   Die Segel reißend, kommt ein Wind geflogen,
   Den Seufzer, Hoffnung, Wunsch ewig erpreßen.

Des Zürnens Nebel, Thränenregen feuchtet
   Die schlaffen Taue, bis sie gar verdorben,
   Gedreht aus Irrthum und unkund'gen Zweifeln.

Die beiden Sterne fliehn, die sonst geleuchtet,
   Vernunft und Kunst ist in der Flut erstorben,
   Daß ich anfang' am Hafen zu verzweifeln.

Sonett 159.

Die Seele weid' ich an so edler Gabe,
   Ich mag den Nektar Jovis nicht gewinnen;
   Vom Schau'n bloß thaut Vergeßen in die Sinnen,
   Daß ich im Lethe trinkend mich begrabe.

Oft hör' ich Dinge, und in's Herz sie grabe,
   Darob ich nie dem Seufzen kann entrinnen;
   Ich kost', entrückt durch Liebeshand von hinnen,
   In Einem Angesicht zwiefache Labe.

Die Stimme, die zum Himmel weiß zu schweben,
   Tönt Worte, holder, theurer, wie wohl meinet
   Wem sie zu hören nimmer war gegeben.

In kleinerm Raum als einer Spann' erscheinet
   Dann sichtbarlich, wie weit in diesem Leben
   Sich Kunst, Weisheit, Natur und Himmel einet.

Dasselbe.
(Aeltere Bearbeitung.)

Wenn ich den Geist an diesem Anblick weide,
  Wo er, in Allvergeßenheit getaucht,
  Ein liebliches Nepenthe in sich saugt,
  So reizt mich kein Ambrosia zum Neide;

Und tönt die milde Rede meinem Ohr,
  Um ewig mir im Innern nachzutönen,
  So reißt mich namenlose Lieb' empor,
  Und zaubert mich zum Urquell alles Schönen.

Entzückend kläng' aus Ihrem holden Mund
  Ein Wort der Liebe selbst in Engelchören.
  Wer's faßen will, der komm', es anzuhören!

Denn glorreich wird an Ihr das Höchste kund,
  Was einer sterblichen Natur hienieden
  Kunst, Weisheit, Macht und Gnade je beschieden.

Sonett 178.

Bei edlem Blut ein still demüthig Leben,
  Und bei erhabnem Geist ein rein Gemüthe;
  Die Frucht des Alters bei der Jugend Blüthe,
  Bei sinnender Geberd' ein fröhlich Streben,

Hat ihr Planet der Holden mitgegeben,
  Der Sterne König; und die ächte Güte,
  Und Ehr' und Preis, die wohl umsonst sich mühte
  Der göttlichste Poet recht zu erheben.

Lieb' ist in ihr mit Sitt' und Tugend einig,
  Mit Anmuth der Natur des Schmuckes Funkeln,
  Beredsamkeit mit Mienen stiller Schwermuth;

Und in dem Aug' ich weiß nicht was, so schleunig
  Die Nacht erhellen kann, den Tag verdunkeln,
  Den Honig bitter machen, süß den Wermuth.

Sonett 182.

Der Vögel Klagen und Gesänge schwellen
  Vor Tage, daß die Thale widerhallen,
  Und das Gemurmel flüßiger Krystallen
  Hinab in klarer Bäche raschen Fällen.

Sie, Schnee im Antlitz, Gold des Haares Wellen,
  Die, ohne Falsch, nie der Lieb' abgefallen,
  Läßt kämmend ihres Greises Flocken wallen,
  Und weckt mich, wie sich Tod und Tanz gesellen.

Auroren grüß' ich, und die Sonn' im Bunde
  Mit ihr, doch mehr die andre, die erblinden
  Mich frühe ließ, wovon ich nie gesunde.

Ich sah sie manchmal beide sich verbinden
  Bei ihrem Aufgang, und in gleicher Stunde
  Vor der die Stern', und die vor ihr verschwinden.

.

Sonett 188.

Woher nahm Liebe Adern Golds, zu weben
　Zwei blonde Flechten? und von welchen Büschen
　Die Rosen? und von welchen Au'n den frischen
　Und zarten Reif, und gab ihm Puls und Leben?

Woher die Perlen, wo gezügelt schweben
　Die süßen Wort' und sittsam fremd sich mischen?
　Woher die Fülle alles Zauberischen
　Der Stirne, wie der Himmel klar und eben?

Von welchen Engeln und aus welchen Sphären
　Hat sie den himmlischen Gesang entnommen,
　Der so mich schmelzt, daß wenig bleibt zu schmelzen?

Aus welcher Sonn' ist mild und stolz entglommen
　Der Augen Licht, die Fried' und Krieg gewähren,
　Die mir das Herz in Eis und Feuer wälzen?

Dasselbe.

(Aeltere Bearbeitung.)

Wo nahm der Liebesgott das Gold so fein,
Um dieses blonde Flechtenpaar zu weben?
Wo brach er diese Rosen? wo im Hain
Den Blüthenschnee, und gab ihm Puls und Leben?

Wo fand er dieses Mundes Perlenreih'n,
In denen Sittsamkeit die Worte zügelt?
Wie formt' er diese Stirn, wo himmlisch rein
Sich ihres Geistes milde Hoheit spiegelt?

Aus welchen Sphären hat er sie gelieh'n,
Der zaubervollen Stimme Melodie'n,
Bei welchen längst mir Kraft und Leben schmolzen?

Von welcher Sonne senkt' er in die stolzen
Geliebten Augen diesen schönen Strahl,
Der Gluth und Frost mir giebt, und Wonn' und Qual?

Sonett 185.

Gespräch mit Freundinnen der Laura, die dem Dichter ohne sie
auf dem Spaziergange begegnen.

Ihr Frau'n, die ihr euch im Gespräch ergehet,
　　Froh und nachdenklich, einsam und umgeben:
　　O sagt, wo ist mein Tod, wo ist mein Leben?
　　Wie kommt's, daß ihr nicht unter euch sie sehet? —

„Froh sind wir, weil sie im Gemüth uns stehet,
　　Doch um die süße Näh' dem Gram ergeben,
　　Die Neid uns raubt und eifersüchtig Streben,
　　Das Andrer Gut als eignes Uebel schmähet." —

Wer legt wohl Bande denen an, die lieben? —
　　„Der Seele Niemand; Härt' und Zorn dem Leibe,
　　Wie es sie jetzt und manchmal uns wohl kränket.

Doch auf der Stirn ist oft das Herz geschrieben.
　　Wir sah'n umwölkt sie an dem hohen Weibe,
　　Und ihre Augen ganz von Thau getränket."

Nach demselben.

(Aeltere Bearbeitung.)

Der Dichter.

Edle Frauen, die ihr einsam bald,
Bald von der Gespielen Schar umgeben,
Froh und sinnig mir vorüberwallt,
Sagt, wo ist mein süßer Tod, mein Leben?
Wandelte sie sonst mit euch doch gern;
Sagt mir an, was hält sie heute fern?

Die Frauen.

Freudig preisen wir die Vielgeliebte;
Traurig sind wir, weil sie heut uns fehlt,
Nicht das trauliche Gespräch beseelt,
Weil sie Eifersucht und Neid betrübte,
Der zu eigner Lust den Nächsten quält.

Welche Macht kann Liebende besiegen?
Welch Gebot die freie Seele biegen?
Zorn und Wildheit fesseln nur den Leib,
So erfuhr es jetzt das holde Weib.

Doch das Herz verräth sich auf der Stirne:
Haben wir sie nicht so rührend schön,
Nicht der Augen glänzende Gestirne
Wie im Flor der Dämmerung gesehn?

Sonett 197.

O Kämmerlein, das sonst gedient zum Porte
    Für meine schweren Stürm' in Tagesstunden!
    Nun wirst du nächt'ger Thränen Brunn erfunden,
    Wenn ihnen Scham am Tag verschließt die Pforte.

O Bettchen, mir in Noth zu Ruh und Horte!
    Wie trübe Urnen läßt dich Lieb' erfunden!
    Sie baden dich, von weißer Hand entbunden,
    Die grausam mir allein um eitle Worte.

Und nicht bloß meine Heimlichkeit und Stille
    Flieh' ich; nein, mehr mich selbst und den Gedanken,
    Der mich im Fluge zwingt, ihm nachzugehen.

Dem Pöbel, der mein Feind und Widerwille,
    Wer dächt' es wohl, muß ich um Zuflucht danken,
    Solch Grauen hab' ich, mich allein zu sehen.

Sonett 206.

Bezieht sich auf die ehemals übliche Feier des ersten Mais.
Der bejahrte Freund soll nach Einigen der König Robert von Nea-
pel gewesen sein; nach Sade ist der oft erwähnte Senuccio gemeint.

Im Paradies gepflückt ein frisch Paar Rosen
    Vorgestern früh am ersten Mai, zum Preise,
    Von einem Liebenden, bejahrt und weise,
    Zwei jüngern ausgetheilt zu gleichen Loohßen,

Mit einem Lächeln und so süßem Kosen,
    Daß Wildheit lernen müßte zarte Weise,
    Entzündete mit Liebesstrahlen leise
    Der Beiden Angesicht, die er erkosen.

„Kein liebend Paar wie dieß erblickt die Sonne"
    Sprach er, zugleich mit Seufzen und mit Lächeln,
    Und wandt', umfaßend, beiden sich entgegen.

So theilt' er seiner Wort' und Rosen Wonne,
    Die noch das Herz mit banger Freude fächeln.
    O froher Tag! Beredsamkeit voll Segen.

Sonett 212.

In der Entfernung von Laura, nicht lange vor ihrem Tode gedichtet.

O kläglich und entsetzliches Gesichte!
    So mußte denn sich vor der Zeit verzehren
    Das milde Licht, zu dem, froh es zu ehren,
    In Pein und Hoffnung ich mein Leben richte?

Doch wie? daß nicht vom großen Fall Berichte
    Erschollen? sie nicht selbst mich will belehren?
    O möge Gott und die Natur es wehren,
    Und werde mein betrübter Wahn zunichte.

Ja, dennoch hoff' ich, daß mir einst noch glücket
    Den Blick des holden Angesichts zu theilen,
    Das mich erhält und dieß Jahrhundert schmücket.

Doch hat sie, um zum ew'gen Sitz zu eilen,
    Sich ihrem schönen Wohnhaus schon entrücket,
    So bet' ich, mag mein letzter Tag nicht weilen.

Dasselbe.

(Aeltere Bearbeitung.)

O wehevolles, grauses Nachtgesicht!
  So ist es wahr was Ahndungen mir drohten?
  So ward auch ihr der Todeskelch geboten,
  Die meines Lebens Seele war und Licht?

Wie aber, hallen Erd' und Himmel nicht?
  Und eilen Engel nicht als Trauerboten? —
  Vielleicht! Vielleicht! — Ihr Lebenden und Todten,
  Erbarmt euch! Gebt mir froheren Bericht!

Ach, süße Hoffnung, laß mich noch dich nähren!
  Wie konnte Gott, der sie so herrlich schuf,
  Sein schönes Wunder vor der Zeit zerstören?

Doch folgte sie dem himmlischen Beruf,
  Und grüß' ich nie ihr holdes Antlitz wieder,
  So fall' auch mir des Lebens Vorhang nieder!

Sonett 228.

(Das zweite unter den nach Lauras Tod gedichteten.)

Die hohe Säule brach*), der Lorbeer dorrte,
  Die meinem müden Geiste Schatten gaben.
  Nichts Gleiches ist von Nord bis Süd zu haben,
  Vom ind'schen Meere bis zu Herkuls Pforte.

Du nahmst mir, Tod, mit strengem Herrscherworte
  Den Doppelschatz, der stolz mich konnte laben.
  Nicht Land, noch Herrschaft, noch die reichen Gaben
  Des Orients helfen mir zu meinem Horte.

Doch wenn es also das Verhängniß lenket,
  Was kann ich mehr, als stets mit trüben Sinnen,
  Mit feuchten Augen gehn, die Stirn gesenket?

O unsers Lebens täuschendes Beginnen!
  Wie leicht verliert Ein Morgen, eh' man's denket,
  Was mühsam viele Jahre kaum gewinnen!

---

*) Rotta è l'alta Colonna. Sowohl der Kardinal Johann Colonna, als Petrarcas besonderer Freund Jakob Colonna waren um diese Zeit gestorben. Schon bei der Widersetzung gegen die Unternehmungen des Rienzi waren verschiedene Mitglieder der beinah erloschnen Familie geblieben.

Sonett 238.

(ll. 12.)

Nie weilt' ich noch in so geheimen Gründen!
    Hier klag' ich unbelauscht den Felsenklüften,
    Wenn Ahndungen süßtäuschend mich umwinden,
    Mein Leben leb' allhier in Himmelslüften.

Hier haucht Vergeßenheit in allen Düften,
    Den matten Geist des Grames zu entbinden.
    In Paphos myrtumflocht'nen Wonnegrüften
    Kann Liebe kein so holdes Lager finden.

Mich dünkt, als ob aus Bäumen und aus Bächen
    Hier Fische, Vögel, Weste zu mir sprechen:
    Geneuß und lieb' und schmachte nicht im Mangel!

Du aber, die dort oben Palmen krönen,
    O bete du, daß ich sie mag verhöhnen,
    Die falsche Welt und ihre süßen Angel!

Sonett 239.

(II. 13.)

Wie oft, von innern Stürmen heimgesucht,
  Flieh ich mich selbst in dieser stillen Bucht,
  Wo ich mit Seufzern rings die Luft belade,
  Und Wang' und Brust mit meinen Thränen bade!

Und o! wie oft, von leisem Grau'n erfüllt,
  Von dieser Haine brauner Nacht umfangen,
  Hab' ich der Todesahnung nachgehangen,
  Die mir allein die tiefe Sehnsucht stillt!

Dann seh' ich bald den flüßigen Kryftallen
  Der Sorga sie, in lebender Gestalt,
  Mit Nymphenwuchs und Nymphengang entwallen.

Bald schwebt sie durch die Wiesen, ruhet bald
  Am Blumenufer mit bewölkter Stirne,
  Als ob sie über mich voll Liebe zürne.

Sonett 252.

(II. 26.)

Sie lebte schön im Herzen mir, geehret,
　Wie hohe Frau'n an niedrer Stätte weilen;
　Nun ward ich durch ihr letztes Von-uns-eilen
　Nicht sterblich nur, nein todt, und sie verkläret.

Die Seel', all ihres Gutes ausgezehret,
　Lieb', ihres Lichts beraubt und bloß: mit Keilen
　Des Mitleids könnten Felsen sie zertheilen:
　Doch keiner ist, der's schreibet noch erkläret.

Denn innen jammern sie, wo Aller Ohren
　Taub, außer meins; dem in des Grams Ermatten
　Nichts andres mehr als Seufzen bleibet offen.

Wahrhaftig sind wir alle Staub und Schatten,
　Wahrhaftig ist der Wille blind verloren,
　Wahrhaftig trügerisch ist unser Hoffen.

Sonett 261.

(II. 35.)

Lieb', in der guten Zeit sonst mein Geselle
  An diesen, unserm Sinn gewognen Bächen,
  Wo, unsre alten Zwiste zu besprechen,
  Du wandeltest mit mir und mit der Quelle!

Laub, Blumen, Schatten, Höhlen, Luft und Welle,
  Thal-Klausen*), hohe Hügel, sonn'ge Flächen,
  Port, meine Liebesmühn zu unterbrechen
  Und meines Glücks so viel' und schwere Fälle!

O flücht'ge Scharen in dem Buschgeflüster!
  O Nymphen! Ihr dann, die im moos'gen Grunde
  Erziehn und weiden flüßige Krhstallen!

Hell waren meine Tag', und sind nun düster
  Wie Tod, der dieses schafft. In erster Stunde
  Ist Jeglichem sein Looß also gefallen.

---

*) Valli chiuse, mit Anspielung auf den Namen Vaucluse.

Dasselbe.

(Aeltere Bearbeitung.)

Liebe, die du oft an diese Quellen
  Dem Geräusch der Welt mit mir entflohst,
  Um durch Worte, voll von süßem Trost,
  Meine Brust mit Wonn' und Muth zu schwellen!

Lichte Hügel! Dunkle Ruhestellen!
  Grotten! Haine! Felsen, grau bemoos't!
  Sänger, die ihr in den Wipfeln kos't!
  Blumen! Büsche! Winde! Murmelwellen!

Du verschloßnes Thal, in deſſen Schooß
  Ich der heißen Sehnsucht oft entronnen,
  Und Gesang zur Lindrung mir ersonnen!

Wißt! mein Heil war überschwenglich groß:
  Aber schnell verloschen meine Sonnen:
  Also fiel bei der Geburt mein Looß.

Sonett 270.

(II. 44.)

Nicht Sterne, die sich reg' am Himmel schwingen,
  Noch Schiffe, gleitend auf den stillen Wellen,
  Noch Ritter, die bewehrt im Feld sich stellen,
  Noch durch die Büsche muntern Wildes Springen;

Noch neue Botschaft von erwünschten Dingen,
  Noch hoher Reden Zier von Liebes-Fällen,
  Noch auf den grünen Au'n, an klaren Quellen,
  Sittsamer Frau'n und schöner süßes Singen:

Nichts ist, was mir das Herz zur Freude wende;
  So wußt' es mit sich zu begraben jene,
  Die einzig Licht und Spiegel war den Augen.

Gedrückt vom Leben, ruf' ich nur sein Ende,
  Weil ich nach ihrem Wiedersehn mich sehne,
  Die nie zu sehn mir beßer mochte taugen.

Canzone 24.

(III. nach Lauras Tode.)

Ich stand am Fenster eines Tags, und sahe
 Viel Wunderdinge mir vorüber rücken,
 So daß ich fast mich matt vom Schauen funde.
 Da kam ein Wild mir von der Rechten nahe,
 Mit Menschenstirn, um Götter zu entzücken,
 Gejagt vom Paare schwarz und weißer Hunde.
 Die fielen an zur Stunde
 Das edle Thier mit Bißen in die Weichen,
 Und hatten's bald zur letzten Noth gelenket,
 Wo, tief in Stein versenket,
 Viel Schönheit mußt' in herbem Tod erbleichen,
 Und mich betrüben mit des Schicksals Streichen.

Hernach sah ich ein Schiff auf Meereswogen,
 Von Gold die Segel und mit seidnen Tauen,
 Von Ebenholz und Elfenbein gewoben.
 Die See war still und linde Lüfte flogen,
 Am Himmel keiner Wolke Flor zu schauen,
 Und reicher Ladung war es voll bis oben.
 Doch plötzlich kam mit Toben
 Ein Sturm aus Ost, der Luft und Meer verdunkelt,
 Und stieß das Schiff an einer Klipp' in Trümmern.
 O schweres Herzbekümmern!
 So kurze Stund' und kleiner Raum umdunkelt
 Den stolzen Reichthum, der so hehr gefunkelt.

In grünem Busch sah ich an einem jungen
    Und glatten Lorbeer blühn die heil'gen Sproßen,
    Als wär' er von den Paradieses=Bäumen.
    Aus seinem Schatten ward in süßen Zungen
    Der Vöglein Lied und andre Lust ergoßen,
    Die mich der Welt entriß in sel'gen Träumen.
    Ich schaut', als ohne Säumen
    Der Himmel sich verfärbt': es fuhr hernieder
    Ein Blitzstrahl, zuckend aus dem falben Glanze,
    Der die beglückte Pflanze
    Entwurzelte; das schlug mein Leben nieder,
    Denn solchen Schatten find' ich niemals wieder.

Ein klarer Brunnquell in denselben Büschen
    Sprang aus dem Fels; die süßen Waßer irrten
    Umher, mit lieblichem Gemurmel klingend.
    Des schönen Sitzes moos'gen düstern Frischen
    Sah man sich weder Pflüger nahn noch Hirten,
    Nur Nymphen, Musen, nach dem Tonfall singend.
    Da saß ich: Wonne bringend
    Umgab mich der Zusammenklang, versenket
    Hielt mich der Blick; als sich des Abgrunds Pforte
    Aufthat, und sammt dem Orte
    Die Quell' hinabriß, daß es noch mich kränket,
    Und schreckt die Seele, wenn sie des gedenket.

Dann einen Phönix, fremd und auserlesen,
    Purpurn beflügelt und mit goldnem Haupte,
    Sah ich im Wald sich stolz, einsam, ergehen.
    Erst dacht' ich ein unsterblich himmlisch Wesen,
    Bis er zum Lorbeer, den der Blitz entlaubte,
    Und zur verschlungnen Quelle kam, zu sehen.

Doch Alles muß vergehen:
Denn als er das zerstreute Laub gefunden,
Den Stamm zerschellt, verdorrt des Waßers Ader,
Wandt' er mit zorn'gem Hader
Auf sich den Schnabel, und war gleich verschwunden,
Daß Lieb' und Mitleid ganz mich überwunden.

Zuletzt sah ich auf blum'gem Lenzgefilde
Ein schönes Weib gehn sinnend hin und wieder,
Daß, wenn ich's denk', ich beben muß in Flammen.
In sich demüthig, nur der Liebe wilde,
Und ihr umgab so weiß Gewand die Glieder,
Es schien gewebt aus Gold und Schnee zusammen;
Doch düstre Nebel schwammen
Um seine obern Säume, sie zu schwärzen.
Von kleiner Schlange bald am Fuß gestochen,
Wie Blumen, die gebrochen,
Schied sie dahin, sorglos, mit frohem Herzen.
Ach, Nichts währt auf der Welt, als Leid und Schmerzen!

O Lied! du magst wohl sagen:
Die sechs Gesichte haben angefangen
In meinem Herrn ein süßes Todverlangen.

Canzone 27.

Oft wann mein Geist des Grames Ungebuld
Zu schweigen sucht mit nächtlichen Gebeten,
Seh' ich mit ihrer wohlbekannten Huld
Die Herrin meines Lebens zu mir treten.
Sie setzt sich neben mich auf's Lager hin,
Sie öffnet ihren Mund zu süßen Tönen.
Von wannen kommst du, meine Retterin?
So frag' ich sie mit leisem bangem Stöhnen.
Sie zieht aus ihrem schönen Busen dann
Ein Lorbeerreis nebst einem Palmenzweige,
Und sagt: Die Liebe, die mein Herz gewann,
Will, daß ich dir zum Troste niedersteige.
Mit frommer Inbrunst biet' ich dir die Hand,
Auf daß dein Wunsch empor zu streben lerne.
Dort ist der Lieb' und Wonne Vaterland,
Dort wohn' ich in der azurhellen Ferne! —

Ich frage sie, gerührt und demuthsvoll:
Wer gab dir dort von meinem Jammer Kunde? —
Dein Aechzen, spricht sie, das gen Himmel scholl,
Als lägest du an einer Todeswunde.
Ja, deiner Klagen nie gehemmte Flut
Ist friedenstörend an mein Herz gedrungen.
Wie? klagst du, weil ich jenes beßre Gut
Nach kurzer Erdenpilgerschaft errungen?
Nein! wünsche nicht ins Elend mich zurück!

Wenn je dein Herz von ächter Liebe brannte!
Entwölke diesen thränenschweren Blick,
Der vormals deine Sehnsucht mir bekannte! —
Und ich: Verzeih! ich klag um mich allein,
Und nicht um dich, du hohe Braut des Himmels!
Ich irre schmachtend, matt von langer Pein,
Im Labyrinth des irdischen Getümmels.
Das wußt' ich lange, sah es klar und hell,
Daß Gott dir dort dein Erbtheil vorbehalte.
War nicht dein Herz der reinsten Tugend Quell,
Da jugendliches Blut es noch durchwallte?
Du bist beglückt; ich, einsam und verarmt,
Muß aller Leiden Bitterkeit erproben,
O hätte nur der Tod sich mein erbarmt,
Und schon als Säugling mich der Welt enthoben! —

Entschwinge doch der Erde deinen Flug;
So spricht sie dann, und stille deine Klage!
Die Lust der Sterblichen ist eitel Trug;
Erkenn' und wäge sie auf rechter Wage!
Und wäg' auch jene süße Träumerein
Die immer noch so täuschend dich bestricken.
Jetzt laß dein Sinnen und dein Trachten sein,
Mit diesen Zweigen einst dein Haupt zu schmücken. —
Und ich: Voll Wunders seh' ich schon sie blühn,
Und ahnde froh den Sinn, den sie verschleiern.
Den einen kenn' ich: jenes frische Grün
Bewog mich oft, es mit Gesang zu feiern. —
Die Palm' ist Sieg, erwidert sie mir dann,
Der Lorbeer grünt zu des Triumphes Krone;
Für manchen Sieg, den ich mir abgewann,

Gewährte mir mein Retter sie zum Lohne:
Mein Retter, der mich huldreich oft beschirmt,
Wenn Muth und Kraft im Kampfe mir erlagen.
Ihn fleh' du an, wenn dich die Welt bestürmt!
Er stärket uns, dem Liebsten zu entsagen. —

　　Ist dieß, so frag' ich sie, der Augen Strahl,
Vor welchem Sonn' und Sterne mir verschwanden?
Sind dieß die Locken, die zu süßer Qual
Mich fesselten mit goldgewebten Banden? —
Dich täuscht, erwidert sie, der Sinne Wahn;
Das, was du suchst, ist lang' in Staub zerfallen.
Mein Geist hat jener Last sich abgethan,
Um frei der Himmel Himmel zu durchwallen.
Dein Leid zu lindern wurd' es mir erlaubt,
Ein Schattenbild, mir ähnlich, zu gestalten.
Einst wird auch das, was mir der Tod geraubt,
Zu himmlisch hohem Reize sich entfalten.
Alsdann wird sie, die grausam war und mild,
Um dich und sich dem Himmel zu erziehen,
Der reinen Glut, die dann dich ganz erfüllt,
Im reinsten Jugendglanz entgegenblühen. —

　　Ich weine dann mit tief bewegtem Sinn.
Mit Reden, welche Felsen lösen möchten,
Zürnt sie mir sanft, daß ich so zaghaft bin.
Sie trocknet mir das Antlitz mit der Rechten,
Und flieht sofort mit Schlaf und Traum dahin.

Sonett 284.

(II. 58.)

O Trennungstag! o Stund'! o Augenblick!
 O Sterne, grausam wider mich verschworen!
 Nun seh' ich's ein: du letzter Liebesblick
 Weissagtest mir, ich sei zum Weh erkoren.

„Noch ist das Wiedersehn dir nicht verloren,
 Noch schonet dich das waltende Geschick;"
 So flüsterte mir Hoffnung in die Ohren,
 Doch Spreu am Wind' ist Menschentrost und Glück.

Viel anders war es droben schon beschloßen,
 Nur über mich war Finsterniß ergoßen,
 Daß ich nicht sah, was helle vor mir stand.

Geschrieben war in Ihren sanften Zügen
 Das bittre Looß; ich hab' es nicht erkannt,
 Denn plötzlich sollt' ich meinem Gram erliegen.

Sonett 289.

Es kommt mir in's Gemüth — vielmehr vergehen
   Kann nie, was Lethe selbst nicht tilgt: — ihr Bilde,
   Wie ich sie sah auf blüh'ndem Lenzgefilde
   In ihres Sternes Strahlen leuchtend stehen.

So ganz erschien sie mir beim ersten Sehen,
   Schön, still, in sich gekehrt, so gleicher Milde;
   Daß ich „Sie ist es selbst," ganz ein mir bilde,
   „Sie lebt noch," und um Rede sie muß flehen.

Bald giebt und bald verweigert sie mir Kunde,
   Ich, wie ein Mensch, der irrrt, sich dann verwundert,
   Spreche zum Herzen: „Herz, du bist im Fehle:

Du weißt, vierzig und acht nach dreizehnhundert
   Am sechsten Tag Aprils, zur ersten Stunde,
   Schied aus dem Leibe diese sel'ge Seele."

Sonett 292.

(II. 66.)

Des Duft und Farbe überwand die Zonen
  Des Morgenlands, so hell und duftbegabend;
  Frucht, Blüthe, Kraut und Laub; der unserm Abend
  Verlieh der seltnen Trefflichkeiten Kronen;

Mein süßer Lorbeer, jeder Schönheit Thronen
  Und jeder glüh'nden Tugend in sich habend,
  Sah, sittsam sich in seinem Schatten labend,
  Mit meinem Herrscher meine Göttin wohnen.

Auch ich dann baut' in dieser Segenspflanze
  Heil'ger Gedanken Netz; in Frost und Glühen
  War ich der Hochbeglückten dennoch einer.

Die Welt war voll von ihrer Ehren Glanze,
  Da nahm, zur Zier des Himmels zu erblühen,
  Sie Gott zurück; und würdig war sie seiner.

Dasselbe.

(Aeltere Bearbeitung.)

Du süßer Lorbeer, dem an Wohlgerüchen,
 An Blüthenpracht und ewiggrünem Haar
Des Morgenlandes Balsamstauden wichen,
 Und der die Zier des Abendlandes war!

In deinen schön verwebten Zweigen hatten
 Sich Huld und Tugend ihren Thron gebaut;
Und sittsam ruhend unter deinem Schatten
 Hab' ich die Liebeskönigin geschaut.

Wie an der Ulme Wein- und Epheu-Ranken,
 So schlangen meine heiligsten Gedanken
 An deinem edlen Stamme sich empor;

Bei Frost und Gluth, in Thränen und in Klagen,
 Vermocht ich doch mein Loos noch zu ertragen,
 Bis Gott zum Schmuck des Himmels dich erkor.

Wir konnten nie nach Würdigkeit dich loben;
 Du warest sein: nun prangest du dort oben.

Sonett 313.

(II. 87.)

Gelinde Härten, süße Weigerungen
  Voll vom Erbarmen keuscher Lieb' und Güte;
  Anmuth'ges Zürnen, das zu wild entglühte
  Verkehrte Wünsch' (ich fühl's nun wohl) bezwungen.

Gefäll'ges Reden, worin hell erklungen
  Mit höchster Huld das sittsamste Gemüthe;
  Brunnquell der Schönheit und der Tugend Blüthe,
  Die jeden niedern Trieb der Brust entrungen;

Göttlicher Blick, beseligend auf Erden,
  Bald stolz, zu zähmen das verwegne Streben,
  Die Schranke des Versagten zu gefährden,

Bereit zum Trost bald meinem schwachen Leben:
  Dieß schöne Wechseln mußte Wurzel werden
  Von meinem Heil, sonst war es aufgegeben.

Dasselbe.

(Aeltere Bearbeitung.)

Lindes Zürnen! stille Weigerungen!
   Sanfte Streng' aus liebevoller Treu,
   Die so oft die kühne Raserei
   Meiner flammenden Begier bezwungen!

Quell der lieblichsten Bezauberungen!
   Götterblick, voll Ernst und Schmeichelei!
   Welcher bald mit ehrfurchtsvoller Scheu,
   Bald mit Labung mein Gebein durchdrungen!

Süße Rede, die aus meiner Brust
   Jede Spur von niedern Trieben bannte,
   Und den Geist auf hohe Dinge wandte!

Schöner Wechsel zwischen Pein und Lust!
   Dank dir, Dank! Du hast mir Heil geboren!
   Ewig war ich ohne dich verloren.

Sonett 316.*)

(II. 90.)

Holdselig Vöglein, welches singend gehet,
  Vielmehr beklagend die vergangnen Zeiten,
  Da jetzo Nacht und Winter dir zur Seiten,
  Und Tag und lust'ger Mai im Rücken stehet!

Wenn, wie du weißt was über dich ergehet,
  Du wüßtest welche Nöthen mich bestreiten,
  Du kämst, den Herzensjammer zu begleiten,
  Zum Schooß des Armen, der um Trost hier flehet.

Ich weiß nicht, ob uns Gleiches würde paaren.
  Die lebt vielleicht, um die du scheinst zu klagen,
  Was an mir geizig Tod und Himmel sparen.

Doch lockt in diesen unwillkommnen Tagen
  Erinnerung von süß und bittern Jahren
  Mich an, dir meine Wehmuth vorzusagen.

---

*) Dieses Sonett ist das letzte in der Sammlung, auf welches
nur noch eine Canzone an die Jungfrau Maria folgt.

Dasselbe.

(Aeltere Bearbeitung.).

Du holder Vogel, der mit lautem Zagen,
  Da Nacht und Winter dich nunmehr umringt,
  Ein Trauerlied der Frühlingswonne singt,
  Die schnell der rauhe Sturm hinweggetragen!

Ach, armer Kleiner! könnt' ich dir es sagen,
  Wie meine Brust mit gleichem Jammer ringt:
  Du flögst zum Schooße dessen, der dir winkt,
  Und würdest gern Geselle seiner Klagen.

Zwar fühlest du vielleicht nur halb mein Leid:
  Du magst bei deiner Trauten einst erwarmen;
  Mir raubte sie der Himmel ohn' Erbarmen.

Doch lockt Erinnerung vergangner Zeit,
  Bei dieser winterlichen Nacht und Oede,
  Mich hin zu dir mit brüderlicher Rede.

Boccaccio.

Ballaten.
Aus dem Decamerone*).

I.

Emilia.

Ich bin von meiner Schönheit so gefangen,
  Daß andre Liebe nimmer
  Mich kümmern wird, noch regen mein Verlangen.

Ich seh' in ihr, so oft wie ich mich spiegle,
  Das Gut, woran genüget dem Verstande.
  Kein neuer Vorfall oder alt Geflügle
  Raubt mir die Lust an diesem theuren Pfande.

---

*) Es sind die drei ersten, am Schluße der drei ersten Tage gesungenen. Nach des Dichters eignen Andeutungen sind sie ohne Zweifel sämmtlich allegorisch, und es bleibt Manches darin räthselhaft. Die erste scheint mir ohne Frage die geistliche Beschauung, die zweite die irdische Lust zu bedeuten, worauf auch der Name Pampinea hinweist. Größern Schwierigkeiten unterworfen ist die Deutung der dritten.

Nach welchem wohlgefäll'gern Gegenstande
　Säh' ich wohl nun und nimmer,
　Der mir im Herzen weckte neu Verlangen?

Dieß Gut flieht nicht, wenn ich es zu betrachten
　Mich sehne, mir zu Trost und Linderungen;
　Es kommt vielmehr entgegen meinem Schmachten,
　So süß zu fühlen, daß es keine Zungen
　Aussprechen, keinem Sterblichen gelungen
　Es zu begreifen nimmer,
　Der nicht gebrannt in solcherlei Verlangen.

Und ich, die ich mich stündlich mehr entzünde,
　Je mehr die Augen sich darauf befleißen,
　Ganz geb' ich ihm mich hin, ganz mich verbünde,
　Schon jenes kostend, was es mir verheißen.
　Je näher, wird mehr Wonne hin mich reißen,
　So daß hienieden nimmer
　Was Aehnliches gestillt hat ein Verlangen.

II.

Pampinea.

Wann säng' ein Weib, wenn ich nicht wollte singen,
    Da alle meine Wünsche mir gelingen?

Komm, Liebe, denn! mir Grund von jedem Gute,
    Von jeder Hoffnung, jedem frohen Lachen!
    Und singen wir zusammen,
    Von Seufzern nicht, noch von gequältem Muthe,
    Die süßer jetzt mir deine Freude machen;
    Bloß von den hellen Flammen,
    Die mich in Spiel und Festen stets entflammen,
    Anbetung dir, als meinem Gott, zu bringen.

Du stelltest vor die Augen mir, o Liebe,
    Den ersten Tag, wo ich dein Glühn empfunden,
    Solch eines Jünglings Wesen,
    Daß, wer an Schönheit, Kühnheit, edlem Triebe
    Ihn überträfe, niemals ward gefunden,
    Selbst wer ihm gleich gewesen.
    Für ihn entbrannt' ich so, daß, dein erlesen,
    Ich nun mit dir Gesänge laß' erklingen.

Und was am meisten Lust mir muß gewähren,
    Er hat an mir, wie ich an ihm Gefallen,
    Dank sei es dir, o Liebe!
    So hab' in dieser Welt ich mein Begehren,

Und hoff' im Frieden jener einst zu wallen,
Weil ich ihm eigen bliebe
Mit höchster Treu.   Gott, welcher schaut die Triebe,
Wird in sein Reich uns gnädig laßen bringen.

III.

Lauretta.

Kein trostlos Weib verlange
  Wie ich, das Recht zu klagen,
  Ich Arme, die umsonst in Lieb' erbange.

Der, so den Himmel lenkt und alle Sterne,
  Schuf mich nach seinem Sinne
  Anmuthig, hold und schön, und wollte gerne
  Daß alle Geister nieden würden inne
  Ein Bild, woran man lerne
  Die Schönheit, die er schaut vom Anbeginne.
  Doch abhold dem Gewinne
  Hat sterbliches Gebrechen
  Mich nur verschmäht, statt freundlichem Empfange.

Wohl gab es Einen, der mich Zarte, Junge,
  Sonst wollte theuer achten,
  Mich in die Arm' und die Gedanken schlunge;
  Dem meine Augen solch ein Feuer fachten,
  Daß er, im flücht'gen Schwunge
  Der Zeit, nichts andres that als mich betrachten.
  Und meiner würdig machten
  Ihn meine Huld und Milde;
  Jetzt aber miß' ich, mir zur Qual, ihn lange.

Dann ward mit ftolzem Wefen mir entgegen
   Ein Jüngling kühn gefendet,
   Auf Adel und auf Tapferkeit verwegen.
   Der hält gefangen mich, und muß, geblendet,
   Gar Eiferfucht nun hegen,
   Daß ich mich zur Verzweiflung faft gewendet,
   Da es fo mit mir endet,
   Daß mich, zur Welt gekommen
   Zu Vieler Glück, nun Einer hält im Zwange.

Ich fluche meinem Unglück, das ich leide,
   Weil ich Ja konnte fagen
   Mein Kleid zu taufchen: da im dunkeln Kleide
   Ich fchön und froh war; feit ich dieß getragen,
   Jedwedes Leben neide,
   Weit minder ehrfam als in vor'gen Tagen.
   O Feft zu Weh und Klagen!
   Wär ich doch eh geftorben,
   Als ich dich je erlebt in folchem Drange!

O Liebfter, wie ihn keine fonft befeßen,
   Um mich zum Glück zu führen,
   Der jetzt im Himmel ift, im Antlitz deffen
   Der uns erfchuf! laß dich Erbarmen rühren
   Für mich, die dich vergeßen
   Nicht kann um einen Andern; laß mich fpüren
   Daß Flammen, die ich fchüren
   Gekonnt, noch nicht erlofchen,
   Und dort hinauf die Rückkehr mir erlange.

Aus dem Ameto.

Anruf des Dichters.

(Das erste unter den zahlreichen Gedichten, welche die Prosa
dieses allegorischen Romans unterbrechen.)

Dieselbe Kraft, die einst den Orpheus regte,
  Kühn bis in Plutos Wohnungen zu dringen,
  Da der die nun wohl frohe dort gehegte
Eurydice zurückgab mit Bedingen,
  Besiegt von des beredten Holzes Klange,
  Und von der Liederweis' und seinem Singen:
Zieht meinen schwachen Geist mit starkem Hange,
  Dich, Cytherea, im Gesang zu loben,
  Sammt deines Reiches allgewalt'gem Zwange.
Drum, bei dem Himmel, wo du Göttin droben,
  Bei jenem Strahl, der schöner dir entglommen,
  Als allen die sonst Phöbus Licht erproben;
Bei deinem Mars, o holder Stern, bei'm frommen
  Aeneas, und bei ihm, der in den Hainen
  Aus seiner Schwester Schooß ans Licht gekommen*),
Den du mehr auf der Welt geliebt als keinen;
  Bei deines heil'gen Feuers Macht und Helle,

---

  *) Adonis.

Das immer mich durchglühet als den Deinen!
So sei vergönnt dir lang' und frohe Stelle
   Hinter der Sonn' in jenes Thieres Zeichen,
   Das einst Europa trug, behend' und schnelle:
Woll' in die Brust mir solche Stimme reichen,
   Woran man fühle deine hohe Stärke,
   So daß mein Sagen mag dem Fühlen gleichen:
Und daß ich über deiner Gottheit Werke
   Ein wenig tiefer Lehre könn' ertheilen,
   Worauf mit ganzem Sinn ich acht' und merke.
Und dich, Cupido, bei den goldnen Pfeilen
   Fleh' ich dich an, und bei des Sieges Ruhme,
   Den am Apoll du wußtest zu ereilen,
Und bei geliebten Nymphen, wenn die Blume
   Der Schönheit je dein Aug' so angezogen,
   Daß du in der Gedächtniß Heiligthume
Wie ein geliebtes Ding sie hast erwogen:
   Du woll'st mir ein'ge Milderung verleihen
   Der neuen Flammen, mir von deinem Bogen
Gesandt in's Herz, das deinen Namen schreien
   Muß Tag und Nacht, um Gnade zu erlangen
   Des, dem sein Trieb sich liebend mußte weihen,
So daß ich, nicht von Schmerz noch Furcht gefangen,
   Frei könne sagen unter deinem Schilde,
   Was ich durch Augen und Gehör empfangen.
Und du*), vor allen Wesen schön und milde,
   Anmuthig, sittsam, froh und voller Güte,
   Du edles Weib, du englisches Gebilde,

---

*) Fiammetta.

Der unterthan mein liebendes Gemüthe
  Zufrieden harret in des Leidens Mitten,
    Wie wohl kein andres je in Freuden blühte!
Erhebe deine Stimm', und mit den Bitten
  Versuch' den Himmel, wo, wenn wahr uns lehret
    Dein schönes Antlitz, sie so wohl gelitten.
Und bete, deinem Diener sei's gewähret,
  Von deiner großen Schönheit recht zu reden,
    Wie die verwundte Brust in ihm begehret.
Wer wird der Gott sein, den zu überreden
  Nicht gnügte, daß es deinem Wunsch geliebet?
    Ich glaube, keiner; weil du all' und jeden
Werth ihres Sitzes scheinst, wo du (ihn giebet
  Dir einst die Gottheit ein in ihrem Schooße)
    Auch mich aufnehmen wirst, der so dich liebet.
Sieh, ich vermag nur wenig, und das Große
  Kann ich viel minder ohne dich vollenden;
    Drum nicht von deiner Hülfe mich verstoße.
In gnäd'ger Fülle woll' herab sie senden
  Auf mich, an dem sich deine Macht verkündet,
    Daß meine Reden sich zur Anmuth wenden.
Sieh mein Gemüth, wie es darnach entzündet,
  Nach der von andern Göttern nichts will fragen,
    Weil es allein sich auf die deine gründet,
Um ganz, was sein Verlangen ist, zu sagen.
  Du wirst ihr deine, vor den andern werthe,
    Herrin, aus Huld und Güte nicht versagen.
Ich werde zeigen, wie Zeus karg gewährte
  Die Schönheit jedem andern Angesichte,
    Mit der verglichen, welche einst verklärte
Die Hand der Schicksalsschwestern in dem Lichte,

Das dein Gesicht, und derer*) um sich breitet,

  Von denen ich, im holden Chore dichte

Versammelt, deine Hoheit sah begleitet,

  Zur süßen Zeit, wo singendem Gefieder

  Der grüne Lorbeer seinen Schatten spreitet;

Das schöne Reden; der behenden Glieder

  Anmuth'ges Thun, das Heil**), von euch vollführet

  Im lieblichen Gefilde; wo ich wieder,

So gut ich kann, erwartend ob mich rühret

  Dein' auf mich ausgegoßne Kraft, beginne:

  Damit ich schaffe, wie es dir gebühret,

In diesem Stil, auf den ich jetzo sinne,

  Was Lob erwerb', und deinen Namen mehre,

  Daß er bis zu den Sternen Raum gewinne,

Als einer würd'gen Frau, mit ew'ger Ehre.

---

*) Der sechs übrigen Frauen, welche mit Fiammetta zusammen ihre Geschichte erzählen, und die natürlichen und religiösen Tugenden vorstellen.

**) Accusative, in der verwickelten Wortfügung durch das Zeitwort 'zeigen' in V. 73. (S. 87. Z. 4. v. u.) regiert. Das Heil ist die Umwandlung, welche Ameto durch diese Erscheinung erfährt.

Ariosto.

Der rasende Roland.

Erster Gesang.

1.

Die Frau'n, die Ritter sing' ich, Lieb' und Kriege,
Die kühnen Abenteu'r, die feinen Sitten,
So man gesehn zur Zeit der Mohrenzüge.
Aus Afrika, da Frankreich viel gelitten,
Da sie, mit jugendlicher Wuth zum Siege
Geführt vom König Agramant, gestritten,
Der sich vermaß, mit trotzigem Versprechen,
Den Tod Trojans am Kaiser Karl zu rächen.

2.

Was man in Reim und Prosa nie erdachte,
Mach' ich zugleich vom Roland euch bekannt,
Wie ihn die Liebe toll und rasend machte,
Da man doch sonst ihn so gescheit genannt:
Wenn sie, die auch beinah so weit mich brachte,
Und Tag für Tag mein kleines Maß Verstand
Noch schmälert, mir genug davon will gönnen,
Um enden, was ich euch versprach, zu können.

3.

Und ihr, aus Herkuls herrlichem Geschlechte,
Hippolytus, die Zierde unsrer Zeit,
Empfangt mit Huld von dem euch eignen Knechte
Was er euch weihen kann und willig weiht.
Der gern zum Dank ein beßres Opfer brächte,
Ist zu der Feder Thaten nur bereit;
Verschmäht mich nicht um die geringe Gabe,
Ich biete ja euch alles, was ich habe.

Der Reiz der Unschuld.

(Nach Ariosts Ras. Roland. Ges. 1. Str. 42. 43.)

Die Jungfrau ist der Rose zu vergleichen,
    Die aus der Hüll' am Mutterstocke bricht.
    Da, wo sie blüht, umzäunt von Schattensträuchen,
    Naht sich kein Hirt, da weiden Herden nicht.

Ihr glänzt der Thau, ihr lacht Aurorens Licht,
    Es scheint der Bach verbuhlt sie zu umschleichen;
    Der Zephyr küßt ihr Purpurangesicht,
    Um dann, mit Duft beladen, zu entweichen.

Kaum aber ist dem Stamm die Ros' entpflückt,
    Kaum hat die Jungfrau was sie wie ihr Leben
    Bewahren soll, die Unschuld, hingegeben,

So ist der Reiz, der beide sonst geschmückt,
    Und jedes Herz zur Huldigung bewogen,
    Schnell, wie der Blitz, in alle Welt entflogen.

Zweiter Gesang.

18.

Die Ritter, bei der Zeitung ganz verstört,
Sahn sich bestürzt und traurig an, und schwiegen.
Dann nannte jeder selbst sich blind, bethört,
Daß er sich ließ vom Nebenbuhler trügen.
Jedoch der wackre Reinhold sucht sein Pferd
Mit Seufzern, die wie aus dem Feuer stiegen;
Und schwört in der Entrüstung und der Wuth,
Treff' er den Roland, kost' es ihm sein Blut.

Eilfter Gesang.

Angabe des Zusammenhanges.

Roland, der überall die entflohene Angelica aufsucht, wird an der Gränze der Normandie zu einer Unternehmung gegen die jenseits Irland gelegene Insel Ebude aufgefordert, wo täglich Mädchen und Frauen, die von Korsaren gefangen und gekauft sind, einem Seeungeheuer zur Speise überliefert werden. Er nimmt es um so eher auf sich, weil er seine Geliebte dort vielleicht zu finden und zu erretten hofft. Widrige Winde nöthigen ihn in die Mündung der Schelde einzulaufen, wo ihm Olympia, Tochter eines Grafen von Holland, ihre Geschichte erzählt und ihn um Hülfe bittet. Der König der Friesen Cimosco hat sie zwingen wollen seinen Sohn zu heiraten; da sie es aus Treue gegen ihren abwesenden Geliebten, den Herzog von Seeland Biren, verweigert, bekriegt er ihren Vater, bringt ihn und ihre Brüder um, durch Hülfe eines Feuergewehres, welches er besitzt, und beraubt sie ihres ganzen Erbtheils. Sie fügt sich scheinbar in die Verbindung mit seinem Sohn, läßt ihn aber beim Eintritt in die Brautkammer ermorden, und rettet sich durch die Flucht. Unterdessen wird Biren, der eine Macht zu Olympias Beistande ausgerüstet hat, gefangen genommen, und der Friesenkönig droht ihn hinzurichten, wenn sich Olympia nicht vor Verlauf einer gewissen Zeit freiwillig in seine Gewalt begiebt. Hiezu ist sie auch entschloßen, nur bittet sie Roland, auf Erfüllung des Ver-

trages, daß nämlich Biren dagegen befreit werde, zu dringen. Roland erlegt den Cimosco, befreit den Biren, setzt
ihn und Olympia in ihre Besitzungen wieder ein, und verlangt von der ganzen Beute nur das Feuergewehr, welches
er in den Grund des Meeres versenkt, damit sich die noch
unbekannte Erfindung nicht weiter verbreite. Hierauf schifft
er sich wieder nach der Insel Ebude ein. Olympia vermählt sich mit Biren; auf der Rückfahrt von Holland nach
Seeland werden sie von widrigen Winden abwärts getrieben,
und landen an einer wüsten Insel, wo Biren, der schon eine
neue Leidenschaft für die Tochter des Friesenkönigs gefaßt
hat, die schlafende Olympia verläßt. — Rüdiger hat sich mit
Hülfe eines Ringes, den ihm seine geliebte Bradamante
durch Melissen zugeschickt, aus Alcinens Zauberpallast gerettet, und ist in Logistillens Reiche aufgenommen worden, die
ihn den Hippogryphen zähmen lehrt. Bei seinen Irrfahrten
durch die Luft findet er sich zufällig über Ebude, als
grade die von Seeräubern entführte Angelica nackt an einen
Felsen gebunden ist, um von dem Ungeheuer verschlungen
zu werden. Er bekämpft es aus der Luft mit seiner Lanze
da er aber die Haut des Seethiers undurchdringlich findet,
und durch das emporgespritzte Wasser in Gefahr geräth,
entblößt er seinen verzauberten diamantnen Schild, der es
blendet und betäubt. Vorher hat er der Angelica seinen
Ring an den Finger gesteckt, damit er den Zauber nicht
unwirksam mache, und auch, um sie nicht zugleich zu blen-
den. Während das Seethier erstarrt daliegt, entfesselt er
Angelica, nimmt sie auf den Hippogryphen und läßt sich
an der äußersten Spitze von Bretagne mit ihr in einem Gehölze nieder, wo wir ihn zu Anfange des eilften Gesanges
finden.

1.

Wiewohl ein muthig Roß zurück sich wenden
In vollem Lauf vom schwachen Zügel läßt,
Hält die Vernunft doch selten in den Händen
Den Zaum der wüthenden Begierden fest,
Wenn des Vergnügens Reize sie verblenden;
So wie der Bär den Honig nicht verläßt,
Wenn der Geruch ihm in der Nase steckt,
Wenn er ein Tröpfchen am Gefäß geleckt.

2.

Was könnte wohl den wackern Rüd'ger zähmen,
Nicht alles, was die Sinne nur verlangen,
Der reizenden Angelica zu nehmen,
Die nackt mit ihm in stillen Busch befangen?
Um Bradamante wird er sich nicht grämen,
An der sein Herz so innig sonst gehangen.
Und ist sie auch in seinem Sinn geblieben,
Er wär ein Thor, nicht diese auch zu lieben;

3.

Bei der nicht beßer seiner Keuschheit Größe
Xenokrates bewiesen hätt' als er.
Er sucht in Eil, wie er die Rüstung löse,
Schon abgeworfen hat er Schild und Speer:
Als sie, die Augen schamhaft auf die Blöße
Des holden Leibes senkend, ungefähr
Den kostbar'n Ring am Finger sich erblickte,
Den in Albracca ihr Brunell entrückte.

4.

Dieß ist der Ring, womit sie auf sich machte
Nach Frankreich, als sie dort zuerst erschien
Mit ihrem Bruder, der die Lanze brachte,
Die dann Astolf geführt, der Paladin;
Womit sie alle Zauberein verlachte
Des Malegys, am Steine des Merlin,
Und Roland eines Tags und andre Leute
Aus Dragontinens Sklaverei befreite;

5.

Womit sie unsichtbar dem Thurm entsprungen,
In den ein böser Alter sie gebannt.
Doch warum zähl' ich auf was ihm gelungen?
Euch sind die Wunder ja wie mir bekannt.
Brunell war selbst bis in ihr Schloß gedrungen,
Ihn ihr zu stehlen für den Agramant.
Seit dem war stets das Glück ihr ungewogen,
Bis es zuletzt sie um ihr Reich betrogen.

6.

Da sie ihn, wie gesagt, am Finger schaut,
Ist sie so voll von Staunen und Vergnügen,
Daß sie der Hand, dem Auge kaum vertraut,
Und sorgt, daß eitle Träume sie betrügen.
Sie zieht ihn ab, nimmt leis' und ohne Laut
Ihn in den Mund, und schnell, wie Blitze fliegen,
Ist sie den Augen Rüdigers versteckt,
So wie die Sonne, wenn sie Nebel deckt.

7.

Nach allen Seiten sieht sich Rüd'ger um,
Und macht im Kreiße, wie ein Toller, Sprünge.
Allein er bleibt vor Scham und Aerger stumm,
Sobald ihm etwas einfällt von dem Ringe,
Flucht dann auf sich, und schilt sich blind und dumm,
Daß er gefallen sei in diese Schlinge.
Er klagt der Schönen schwarzen Undank an,
Die ihm, zum Lohn der Rettung, dieß gethan.

8.

O undankbares Mädchen! konnt' ich glauben,
So sagt er, daß ich dieß verdient um dich?
Was willst du doch den Ring mir lieber rauben,
Als zum Geschenk von mir ihn haben? Sprich!
Gern will ich Alles deinem Wunsch erlauben;
Nimm meinen Schild, mein Flügelroß, und mich:
Nur daß du mir dein holdes Antlitz zeigest!
Ich weiß, du hörst, Grausame, und du schweigest.

9.

Der Born wird häufig rings von ihm umgangen,
Und wie ein Blinder tappt er, weil er ruft.
Wie oft, indem er wähnt, sie zu umfangen,
Greift er mit seinen Armen leere Luft!
Sie ist indes schon weit davon gegangen,
Und ruht sich erst bei einer Felsengruft,
Geräumig, tief in einen Berg gegründet,
Wo sie an Nahrung ihr Bedürfniß findet.

10.

Ein alter Hirt, der eine große Herde
Von Stuten hat, pflegt hier sich einzustellen.
Im Thale irrend weideten die Pferde
Das zarte Gras am Rande frischer Quellen,
Und sengte dann des Mittags Gluth die Erde,
So wurden sie rings um die Höhl' in Ställen
Davor bewahrt: hier weilt Angelica
Den ganzen Tag, derweil sie Niemand sah.

11.

Am Abend glaubt sie neugestärkt zu sein,
Ihr scheint nicht nöthig, hier zu übernachten.
Sie wickelt sich in grobe Tücher ein,
Allzu verschieden von den heitern Trachten,
Die sonst von allen Farben, zart und fein,
Die Dienerinnen ihr zum Schmuck erdachten.
Und doch, die niedre Hüll' um ihren Leib,
Erscheint sie als ein schön und edles Weib.

12.

Wer Amaryllis preiset und Neären
Und Galateen, die flücht'ge, schweige still:
Denn keine war so schön, ich will's bewähren;
Ihr müßt verzeihen, Thyrsis und Myrtill!
Die Schöne wählt nun aus der Schar der Mähren
Sich eine aus, die sie am liebsten will.
Es steigen jetzt Gedanken in ihr auf,
Nach Morgenland zu lenken ihren Lauf.

13.

Doch Rüdiger, der nichts hat unterlaßen,
Und lang' umsonst gehofft, sie zu erbitten,
Muß endlich in's Unmögliche sich faßen,
Und merkt, sie sei schon fern von seinen Tritten.
Er geht dahin, wo er sein Pferd gelaßen,
Für Himmel und für Erde gleich beritten;
Und findet, daß es, nach zerrißnem Zügel,
Sich in die Luft erhebt auf freiem Flügel.

14.

Es war ein großer Zuwachs seiner Schmerzen,
Daß er nunmehr den Greifen auch vermißt.
Zur Qual gereicht's nicht minder seinem Herzen,
Als die an ihm gelungne Weiberlist.
Allein am wenigsten kann er verschmerzen,
Daß ihm der theure Ring verloren ist,
So sehr nicht um die Kräfte, die drin leben,
Als weil sein Fräulein ihm dieß Pfand gegeben.

14.

Er legt den Harnisch, des er sich entladen,
Unmuthig an, den Schild dann auf den Rücken.
So wendet er sich von des Meers Gestaden
Zu einem weiten Thal, das Wälder schmücken,
Und forschet immer nach gebahnten Pfaden,
Wo er in schatt'ger Nacht sie kann erblicken.
Er gieng nicht weit noch, als im dicksten Wald
Zur Rechten ihm ein laut Getös' erschallt.

7 *

16.

Er hört Getöse und ein furchtbar Klirren
Geschlagner Waffen, eilt dahin zu gehn
Durch Sträuche, die er mühsam muß entwirren,
Und findet zwei im engen Raum sich drehn,
Die sich durch nichts im Kampfe laßen irren,
Und heiß erbittert sich auf's Leben gehn.
Der Ein' ein Riese, wild wie ein Gewitter,
Der Andre ist ein wackrer kühner Ritter.

17.

Und dieser schirmet mit dem Schild und Schwert,
Nach allen Seiten springend, sich behende,
Daß nicht auf ihn die Keule niederfährt,
Womit ihm drohn des Riesen beide Hände,
Und auf dem Platze liegt schon todt sein Pferd.
Hier wartet Rüd'ger, wie der Kampf wohl ende;
Bald neigt sich sein Gemüth, der Wunsch wird rege,
Daß doch der Ritter überwinden möge.

18.

Nicht daß er ihm deswegen Hülf' ertheile.
Er tritt beiseit, zu sehen was geschieht.
Sieh da! der Große traf mit schwerer Keule
Des Kleinen Helm, der sie zu langsam mied.
Der Ritter fällt zu Boden von der Beule;
Der Andre, der betäubt ihn liegen sieht,
Entschnallt den Helm, auf ihn herabgebücket,
Und macht, daß Rüd'ger sein Gesicht erblicket.

19.

Er sah das Antlitz seiner schönen, süßen,
Geliebtesten Gebiet'rin Bradamante
Vor sich enthüllt, und wie er in des Riesen
Vom Tod bedrohtem Gegner sie erkannte,
So kann kein Pfeil zum Ziele schneller schießen,
Als er auf ihn mit bloßem Degen rannte.
Doch der beut keinem zweiten Kampf den Leib,
Und wirft die Arm um das ohnmächt'ge Weib.

20.

Er nimmt sie auf, und trägt sie auf dem Nacken,
So wie der Wolf hinweg das Lämmchen trägt,
So wie der Adler in den Klau'n zu packen
Die Taube oder andre Vögel pflegt.
Sogleich ist Rüdiger ihm auf den Hacken:
Kein Heil für ihn, als wenn er sie erjägt.
Allein mit so gewalt'gem Schritt entweichet
Der Andre, daß sein Aug' ihn kaum erreichet.

21.

Der Eine lief, der Andre setzte nach,
Auf einem Pfad, bedeckt von braunen Schatten,
Der, immer sich erweiternd allgemach,
Sie aus dem Walde führt auf dunkle Matten.
Doch jetzt zum Roland, mehr hievon hernach!
Die Waffe, die dem Friesenfürst zu statten
Gekommen war, hatt' er in Meeresgründe
Geworfen, daß kein Mensch sie jemals fünde.

22.

Doch wenig half es, denn der alte Sünder,
Der immerdar das Heil der Menschen stört,
Der von dem irb'schen Blitze war Erfinder,
Nach dessen Bild, der aus den Wolken fährt,
Ließ nicht zu minderm Fluch für Evas Kinder,
Als da er mit dem Apfel sie bethört,
An's Licht sie ziehn durch einen Nekromanten,
In Zeiten, die noch unsre Väter kannten.

23.

Das höllische Geräth, aus jenen Tiefen
Auf hundert Klafter wohl heraufgebannt,
Wo seine Kräfte lange Jahre schliefen,
Ward erst getragen in der Deutschen Land.
Die fiengen's an auf manche Art zu prüfen,
Der arge Feind schärft ihnen den Verstand
Zu unserm Schaden, und so fanden sie
Des Dings Gebrauch zuletzt nach vieler Müh.

24.

Bald ist Italien, Frankreich, allen Reichen
Der Welt, dieß grause Kunstwerk aufgeschloßen.
Hier muß sich Erz in glüh'uder Eß' erweichen,
Und wird in hohle Formen dann gegoßen;
Dort bohrt man Eisen; Namen giebt's und Zeichen,
Für tausend neue Arten von Geschoßen.
Von Büchsen, Mörsern, hört man mit Erstaunen,
Einfachen bald, bald doppelten Kartaunen.

25.

Feldschlangen, Feuerkatzen, Falkonetten,
Und wie sie sonst die Meister nennen mögen,
Wovor nicht Stahl noch Marmorwände retten;
Sie bahnen sich den Weg mit Donnerschlägen.
Ach, armer Krieger! bring zu Schmiedestätten
All deine Waffen, ja sogar den Degen,
Und schultre die Muskete nur statt dessen,
Sonst, glaub mir, wird kein Sold dir zugemeßen.

26.

Wie fandst du je, verbrecherische, schnöde
Erfindung, Raum in eines Menschen Sinn?
Durch dich ist jetzt das Feld des Ruhmes öde,
Durch dich der Waffen schönster Preis dahin.
Daß keiner sich, dem Arm zu traun, entblöde!
Denn Muth und Tapferkeit bringt nicht Gewinn.
Durch dich vollführt Gewandtheit, Kühnheit, Stärke,
Nicht auf dem Kampfplatz mehr der Prüfung Werke.

27.

Durch dich erlag schon und wird noch erliegen
So große Zahl der edlen Herrn und Ritter,
Eh wir das Ende sehn von diesen Kriegen,
Für alle Welt, mehr für Italien bitter.
Drum sagt' ich, und es kann gewiß nicht trügen:
Von allen, die nur säugten irb'sche Mütter,
War dieser gräuelvollen Künste Meister
Der böseste, gehäßigste der Geister.

28.

Und immer glaub' ich, daß ihn Gott verflucht
Zum tiefsten Abgrund in den Höllenreichen,
Wo er, vermaledeiet und verrucht,
An Judas Seele findet seines Gleichen.
Doch folgen wir dem Ritter, welcher sucht
In Eil' Ebudas Eiland zu erreichen,
Wo man die jungen Frauen, schön und zart,
Zur Speise für ein See=Unthier bewahrt.

29.

Allein, je mehr der Ritter Eile heget,
Je minder, scheint es, fragt der Wind darnach.
Ob er sich rechts, ob von der Linken reget,
Ob selbst im Rücken: immer ist er schwach,
So daß er kaum das Fahrzeug fortbeweget,
Und unterweilen läßt er gänzlich nach.
Bald müßen sie, von vornen angegriffen,
Umkehren, oder hin und wieder schiffen.

30.

Denn Gottes Wille war's, daß er nicht ehe
Als Irlands König käm' an jenen Strand,
Auf daß mit größrer Leichtigkeit geschähe,
Was euch in wenig Blättern wird bekannt.
Da sie sich sahen in der Insel Nähe,
Sprach Roland zum Piloten: „Halt hier Stand,
„Gieb mir das Boot! Ich will zum Felsen eben
„Ohn' anderes Geleit mich hinbegeben.

31.

„Und lege mir das stärkste Tau hinein,
„Den grösten Anker, so im Schiff vorhanden.
„Du sollst schon sehn, wozu es gut wird sein,
„Wenn ich das Ungeheu'r im Kampf bestanden."
Man warf die Schlupp' in's Meer mit ihm allein,
Und dem Geräth, das sie am besten fanden.
Die Waffen alle, bis auf seinen Degen,
Ließ er zurück; und so der Klipp' entgegen.

32.

Er zieht die Ruder an und kehrt den Rücken
Der Seite zu, wo er zu landen strebt.
So pflegt der Krebs an's Ufer anzurücken,
Wenn er sich aus der salz'gen Tiefe hebt.
Es war die Stunde, wo vor Phöbus Blicken
Aurora schön in goldnen Haaren schwebt,
Der halb sich zeigend schon, und halb versteckt,
Die Eifersucht des alten Tithon weckt.

33.

Er naht dem nackten Fels bis auf die Weite,
Die wohl ein Stein durchfliegt aus rascher Hand.
Ihn dünkt, daß in sein Ohr ein Stöhnen gleite,
Allein so schwach, er hätt' es kaum erkannt.
Er wendet nun sich ganz zur linken Seite,
Und sieht, den Blick gerichtet auf den Strand,
An einen Stamm gebunden, unverhohlen
Ein nacktes Weib, vom Meer bespült die Sohlen.

34.

Noch kann er, wer sie sei, sich nicht enthüllen,
Denn sie ist fern und senkt ihr Antlitz nieder;
Sie zu erkennen, reizt ihn Wunsch und Willen,
Er rudert hin und rühret frisch die Glieder.
Allein er hört indes die Küste brüllen,
Die Wälder und die Höhlen hallen wieder,
Die Wogen schwellen: seht das Unthier kommen!
Die See verbergend kommt es angeschwommen.

35.

Wie von Gewittern schwanger und von Güßen
Die Wolke steigt aus dunklem, feuchtem Thal;
Sie deckt die Welt mit nächt'gen Finsternissen,
Und zu erlöschen scheint des Tages Strahl:
So schwimmt das Seethier, und dem Blick entrißen
Wird von der Last die See mit einemmal.
Die Wogen brausen: Roland schaut, der kühne,
Gefaßt es an, ihm wankt noch Herz noch Miene.

36.

Besonnen achtet er auf alle Sachen,
Und regt sich schnell, was er beschließt, zu thun.
Zugleich das Fräulein vor dem Meeresdrachen
Zu schirmen und zu kämpfen, wirft er nun
Sich zwischen ihn und sie mit seinem Nachen;
Er läßt sein Schwert still in der Scheide ruhn,
Nimmt bei dem Tau das Anker in die Hand,
Und hält mit großer Brust dem Unthier Stand.

37.

Kaum naht der Kraken sich mit großen Schwüngen,
Und nimmt im Kahn ihn wahr auf wenig Schritte,
So öffnet er den Rachen zum Verschlingen,
Daß wohl ein Mann zu Pferd hinein da ritte.
Doch Roland eilt, ihm in den Schlund zu dringen
Mit seinem Anker, und (bemerkt, ich bitte!)
Auch mit dem Boot; und läßt des Ankers Zacken
Den Gaumen und die weiche Zunge packen.

38.

So daß die furchtbarn Kiefern, ausgereckt,
Sich weder senken noch erheben mögen.
So pflegt der Bergmann, der im Schachte steckt,
Wo er sich Bahn macht, Stützen anzulegen,
Damit ihn nicht ein jäher Sturz bedeckt,
Indes er forschet nach des Erzes Wegen.
Des Ankers Spitzen trennt ein solcher Raum,
Im Sprung'. erreicht die ob're Roland kaum.

39.

Sobald die Stütze steht, und er die Pforten
Der Kehle weiß gesichert hinter sich,
Zieht er sein Schwert, und führt bald hier, bald dorten,
In dieser dunkeln Höhle Hieb und Stich.
Wie man sich wehren kann in festen Orten,
Wenn sich der Feind schon in die Mauern schlich:
So viel kann auch das Ungeheuer machen,
Da es den Ritter trägt in seinem Rachen.

40.

Bald schleudert es vor Schmerz sich auf die Wellen
Und zeigt den Rücken und die schupp'gen Seiten,
Taucht bald den Bauch bis zu den tiefsten Stellen,
Daß Sand und Schlamm sich rings herum verbreiten.
Doch Frankreichs Ritter, da die Waßer schwellen,
So rettet er mit Schwimmen sich bei Zeiten.
Er läßt den Anker sitzen und ergreifet
Das Tau, das hintennach am Anker schleifet.

41.

Und schwimmt damit in Eil zum Felsenstrande;
Da faßt er Fuß, und zieht den Anker leicht
Zu sich heran, der an des Schlundes Rande
Die Spitzen einbohrt und nicht wankt noch weicht.
Das Ungeheuer folgt dem hanfnen Bande,
Gezwungen durch die Kraft, der keine gleicht,
Die Kraft, von der Ein Rucken mehr kann helfen,
Als wie ein Krahn zu ziehn vermag in zwölfen.

42.

Gleich einem wilden Stier, der eine Schlinge
Sich fühlt um's Horn geworfen unversehn:
Er kommt nicht los, wie er auch tob' und springe,
Mit Wälzen, Aufstehn und im Kreiße Drehn;
So schnellt das Seethier sich in tausend Ringe,
Es folgt dem Strick und kann ihm nicht entgehn,
Aus seinem altgewohnten Aufenthalt
Gezogen nun durch jenes Arms Gewalt.

43.

Sein Schlund ergießt so große Ströme Blut,
Daß heut dieß Meer das rothe könnte heißen.
Da schlägt sein Leib mit solcher Macht die Flut,
Ihr sähet sie bis auf den Grund zerreißen;
Den Himmel badend, und der Sonne Glut
Verbergend, dann zerstäubt empor sie schmeißen.
Das Tosen hallet wider in den Lüften,
Von Berg und Wald und ferner Ufer Klüften.

44.

Der alte Proteus kommt aus seiner Grotte
Bei dem Geräusch hervor, und da er sieht,
Wie Roland furchtbar haust, und als zum Spotte
Den riesenhaften Fisch an's Ufer zieht,
Erschrickt er, daß er die zerstreute Rotte
Vergeßend, durch den Ocean entflieht.
Der Aufruhr mehrt sich: die Delphin' am Wagen,
Will selbst Neptun zum Mohrenlande jagen.

45.

Die Nereiden, mit zerstreuten Haaren,
Und Ino, weinend auf dem Arm den Sohn,
Tritonen, Glauken, und die andern Scharen,
Sie wußten nicht, betäubt, wohin sie floh'n.
Doch Roland kann nun seine Kräfte sparen,
Ermattet ist das grause Seethier schon,
Und eh es auf dem Sand noch angekommen,
Hat Qual und Noth das Leben ihm genommen.

46.

Vom Eiland hatten sich nicht wenig Leute
Hinzugedrängt, zu schaun die seltne Schlacht,
Von denen, weil verletzter Wahn sie reute,
Das heil'ge Werk für Frevel ward geacht't.
Sie sagten, daß es neues Unglück deute,
Daß Proteus Grimm, noch ärger angefacht,
Verbreiten auf dem Land die Meeresherde,
Und ganz den alten Krieg erneuern werde.

47.

Und beßer sei es, Gnade zu erflehen
Von dem erzürnten Gott, eh sie es büßen;
Das könne nur durch Rolands Tod geschehen,
Wenn sie zu Proteus Sühn' in's Meer ihn stießen.
So wie von Brand zu Brand die Flammen wehen,
Und bald sich über eine Fläch' ergießen:
So stürmt die Wuth aus Einer Brust in alle,
Daß Roland in die Flut als Opfer falle.

48.

Der waffnet sich mit Schleuder, der mit Bogen,
Mit Lanz' und Degen ist ein Andrer da.
Sie greifen ihn, zum Strand hinabgezogen,
Von allen Seiten an, und fern und nah.
Der Ritter sieht unglaublich sich betrogen,
Da·ihm so undankbare Schmach geschah;
Der Tod des Kraken wird an ihm gerochen,
Wovon er Lohn und Ehre sich versprochen.

49.

Allein so wie, gezogen auf die Märkte
Von Russen oder Polen, wohl der Bär
Die Hündchen, deren Muth die Zahl verstärkte,
Ganz ohne Furcht läßt klaffen um sich her,
Und thut nur nicht, als ob er sie bemerkte:
So fürchtet auch der Ritter sich nicht sehr
Vor dem Gesindel, weil er ihre Mengen
Mit einem Hauch kann aus einander sprengen.

50.

Wie er sich dreht und Durindana zückt,
Sind sie behend, sich aus dem Weg zu raffen.
Es hatte sich das tolle Volk berückt,
Als würd' er wenig Händel ihnen schaffen,
Weil seine Schultern nicht der Harnisch drückt,
Kein Schild am Arm, noch irgend andre Waffen.
Daß seine Haut so hart wie Diamant
Von Kopf zu Fuß, war ihnen nicht bekannt.

51.

Was Andre nicht am Roland können üben,
Ist ihm darum an ihnen nicht verwehrt.
Er tödtet dreißig mit ein Dutzend Hieben;
Verrechn' ich mich, so ist's der Müh nicht werth.
Bald hat er sie vom Strande rings vertrieben,
Die Frau zu lösen, schon sich hingekehrt,
Als neuer Aufruhr und ein neues Toben
Von einer andern Seite sich erhoben.

52.

Da die Barbaren hier die ganze Zeit
Beschäftigt wurden von des Ritters Siegen,
So waren die von Irland ohne Streit
An manchem Ort der Insel ausgestiegen,
Und ohn' Erbarmen mußte weit und breit
Vor ihren Streichen alles Volk erliegen.
Sei's Grausamkeit nun, oder strenges Recht,
Sie achteten noch Alter noch Geschlecht.

53.

Die Gegenwehr kann nichts beinah bedeuten,
Der Anfall war zu unversehns genaht,
Die kleine Stadt besetzt von wenig Leuten,
Und diese wen'gen wußten keinen Rath.
Geplündert ward das Gut, der Flamme Beuten
Die Häuser, und das Volk gemäht wie Saat.
Die Mauern machte man dem Boden eben,
Und ließ nicht Eine Seele drinnen leben.

54.

Roland, als ob ihm Alles nichts verschlüge,
Geschrei und lautes Toben, Sturz und Brand,
Ging hin zu ihr, die an der Felsenstiege
Dem See-Unthier zum Raub gefesselt stand.
Ihn dünkt, er seh' an ihr bekannte Züge,
Je mehr er naht, je mehr scheint sie bekannt.
Olympia ist's, er hat sich nicht geirrt,
Der solch ein Lohn für ihre Treue wird;

55.

Olympia, der, nach dem erlittnen Harme
Vom Amor, auch das Glück sich grausam wies,
Und sie denselben Tag von einem Schwarme
Seeräuber nach Ebuda führen ließ.
Wie er zum Felsen kehrt, erkennt die Arme
Den Roland auch; doch ihre Blöße hieß
Das Haupt sie senken, und sich nicht entblöden
Ihn anzusehn, geschweig' ihn anzureden.

56.

Roland befragt sie, welch ein hart Geschick
Zu dieser Insel sie von dort verschlagen,
Wo er sie ließ, in des Geliebten Blick
Beseligt, mehr als Worte können sagen.
„Ich weiß nicht, Ritter," gab sie ihm zurück,
„Soll ich euch danken oder mich beklagen?
„Euch danken, daß ihr meinen Tod gewendet?
„Beklagen, daß mein Elend heut nicht endet.

57.

„Ich muß euch danken, daß ihr mich bewahrt
„Vor einem allzuschmählichen Verderben;
„Denn allzuschmählich wär' die Todesart,
„Im eklen Bauch des Ungeheuers sterben:
„Doch dank' ich's nicht, daß ihr mein Leben spart,
„Weil nur der Tod mir Lindrung kann erwerben.
„Ich werd' euch danken, wenn ihr mir ihn gebt,
„Der einzig aller Qual mich überhebt."

58.

Dann fährt sie fort mit Jammern zu erzählen,
Wie ihr Gemahl verrätherisch verfahren,
Der ihren Schlaf genutzt, sich wegzustehlen;
Und wie sie dann geraubt sei von Korsaren.
Doch immer trachtend, Stellungen zu wählen,
Die ihre Reize minder offenbaren,
Steht sie gewandt, wie man Dianen malt,
Wenn auf Aktäons Stirn sie Waßer strahlt.

59.

Denn sie entflieht dem Blick mit Brust und Leibe,
Und giebt ihm lieber Seit' und Rücken Preis.
Der Ritter schmält, wo doch sein Schiff nur bleibe,
Weil da sich Kleider finden, wie er weiß,
Zur Hülle dem von ihm gelösten Weibe.
Indes er dieß bedenkt mit allem Fleiß,
Kommt Obert, Irlands Fürst, dem man entdeckt,
Das Unthier lieg' am Ufer ausgestreckt.

60.

Es sei ein Ritter aus und ein geschwommen,
Ihm einen Anker in den Schlund zu keilen;
Dabei gezogen, sei's herangekommen,
Wie man, den Strom auf, Schiffe zieht mit Seilen.
Obert, der prüfen will was er vernommen,
Begiebt sich selbst hin, ohne zu verweilen,
Indes sein Volk mit Feuer und mit Schwert
Ebuda's Eiland überall verheert.

61.

Der Ritter, war er gleich mit Blut befleckt,
Von Näß' entstellt und durch und durch getränket,
Entstellt vom Blut, das ganz ihn überdeckt,
Als er im Schlund des Kraken sich versenket,
Ward von Hiberniens König doch entdeckt,
Zumal, da dieser bei sich selbst schon denket,
Sobald man von dem kühnen Streich ihm sagt,
Roland, kein Andrer, habe das gewagt.

62.

Er kannt' ihn wohl, weil er, mit den Infanten
An Frankreichs Hof gepflegt, erst vor dem Jahr,
Nach seines Vaters Tod von Abgesandten
Zum Thron berufen, weggereiset war.
Er wurde drum den wackersten Bekannten,
Den er so oft gesprochen, froh gewahr,
Lief hin, umarmt' ihn, hieß ihn froh willkommen,
Sobald er sich den Helm vom Haupt genommen.

63.

Es zeigte Roland nicht gering're Freude
Den König, als der König ihn, zu sehn.
Sie wiederholten die Umarmung beide;
Was Obert noch nicht völlig kann verstehn,
Erzählt ihm Roland von Olympias Leide:
Wie und von wem Verrath an ihr geschehn.
Biren hat treulos sich der That erkühnet,
Um den sie es am wenigsten verdienet.

8*

64.

Hierauf erzählt er alle die Beweise
Von Liebe, die sie dem Verräther bot:
Wie sie für ihn zur Armen ward, zur Waise,
Ja für ihn gehen wollte in den Tod;
Und daß er sie aus eigner Kenntniß preise,
Ein Zeuge ihrer Treu wie ihrer Noth.
Indes er sprach, sah man aus ihren hellen
Gesenkten schönen Augen Thränen quellen.

65.

Ihr schönes Antlitz war so anzuschauen,
Wie sich im Frühling wohl der Himmel weist,
Wenn, während milde Regen niederthauen,
Die Sonne rings der Wolken Flor zerreißt;
Und wie die Nachtigall auf grünen Auen
Im Laube dann den Liederreihn ergeußt,
So badet in den Thränen, die erquicken,
Die Flügel Amor, sonnt sich an den Blicken.

66.

Und in der schönen Augen Strahl entglühet
Er goldne Pfeil', und löscht sie in der Quelle,
Die sich durch roth' und weiße Blumen ziehet;
So stählend zieht er dann mit Kraft und Schnelle
Auf jenen Jüngling, der ihm nicht entfliehet,
Ob dreifach Erz ihm um den Busen schwelle,
Der, weil sein Blick um Aug' und Haar ihr spielet,
Er weiß nicht wie, sein Herz getroffen fühlet.

66.

Olympias Reize waren zart gewoben,
Von selt'ner Art, und nicht die Stirn allein,
Haar, Aug' und Wange, waren schön zu loben,
Der Mund, die Nase, Hals und Schultern: nein,
Von da hinab, wo sich die Brüst' erhoben,
Was vom Gewande pflegt verhüllt zu sein,
War so erlesen, daß auf weiter Erden
Wohl nichts damit verglichen konnte werden.

68.

Den frischen Schnee an Weiße überwindet,
Das Elfenbein an Glätte, die Gestalt;
Es gleichen ihre Brüstchen, weich geründet,
Der Milch, die schäumend im Gefäß noch wallt,
Und zwischen ihnen ist ein Raum gegründet,
Der sanft sich senkt, der Anmuth Aufenthalt,
Wie zwischen kleinen Hügeln schatt'ge Thale,
Wo noch der Schnee nicht schmolz im Frühlingsstrahle.

69.

Die schlanken Seiten, wie ein Spiegel eben
Der reine Leib, und diese weißen Lenden,
Mit Fleiß gebildet schienen sie zu leben
Aus Phidias, ja größrer Meister Händen.
Auch jene Reize muß ich noch erheben,
Die sie umsonst den Blicken will entwenden.
Kurz, von dem Haupt bis zu den Füßen nieder
Enthüllen alle Schönheit ihre Glieder.

70.

Wenn sie der Phryger Hirt auf Idas Weiden
Gesehen hätte, weiß ich nicht zu sagen,
Ob Venus, übertraf sie gleich die beiden
Göttinnen, wohl den Preis davon getragen.
Vielleicht hätt' ihn, das Gastrecht zu verleiden,
Verbotne Lust nach Sparta nicht verschlagen.
Er hätte wohl gesagt „Bleib, Helena,
„Beim Menelaus! Ich will diese da."

71.

Und wäre sie in Kroton einst gewesen,
Als Zeuris jenes Bildniß unternahm
Für Junos Tempel, als von ihm erlesen
Der Schönsten Zahl entkleidet zu ihm kam,
Und er, zu schaffen ein vollkommnes Wesen,
Von dieser Eins, von jener Andres nahm:
Er durfte nur von ihr allein entlehnen,
Er fand in ihr den Inbegriff der Schönen.

72.

Ich glaube nicht, daß jemals vor Biren
Der holde Leib so nackt sich sehen laßen.
Wie konnt' er sonst die Grausamkeit begehn,
Und in der öden Wildniß sie verlaßen?
Obert ist ganz entzündet sie zu sehn,
Sein Busen kann das Feuer nicht mehr faßen.
Er tröstet eifrig sie, und macht ihr Muth,
Aus ihrem Unglück komme noch ein Gut.

73.

Er schwört, er will nach Holland sie begleiten,
Sie wieder einzusetzen in ihr Recht,
Und furchtbar dem Vergeltung zu bereiten,
Der sich des Meineids und Verraths erfrecht.
Mit allen Kräften Irlands will er streiten,
Nicht ruhn noch zögern, bis er sie gerächt.
Er schickt indes in dieß und jenes Haus
Nach Röcken und nach Frauenkleidern aus.

74.

Es that nicht Noth, daß sie sie weit verschrieben,
Noch aus der Insel, sie zu suchen, giengen,
Weil ihrer täglich von den Frauen blieben,
Die jenes Unthier pflegte zu verschlingen.
In kurzem hat sie Obert aufgetrieben
Von jedem Schnitt, und läßt vor allen Dingen
Olympia kleiden; doch er findet leider,
Nach Wunsche sie zu schmücken, keine Kleider.

75.

So schöne Seide, Gold so fein gesponnen,
Hat Florentiner Kunst nie aufgewandt,
So zarte Stickerei ward nie ersonnen,
Und ausgeführt mit Fleiß und mit Verstand,
Daß diese Holde Zier dadurch gewonnen, —
Und wär' es auch ein Werk von Pallas Hand;
Daß es verdiente, Reize zu umhüllen,
Die ihn mit sehnender Erinnrung füllen.

76.

Aus manchen Gründen zeigt der Paladin
Sich über diese Liebe sehr zufrieden;
Denn außer daß die Rache sicher schien,
Die dem Biren vom König war beschieden,
So wurde durch dieß Mittel auch für ihn
Ein schwer und lästig Hinderniß vermieden.
Olympias wegen kam er nicht dorthin,
Nur retten wollt' er seine Herrscherin.

77.

Daß sie nicht da sei, war er bald im Klaren,
Doch nicht, ob sie nicht da gewesen war,
Weil auf der Insel All' ermordet waren,
Und keiner blieb von solcher großen Schar.
Man gieng den Tag darauf, zur See zu fahren,
Und Alle machten Ein Geschwader zwar.
Der Ritter gieng nach Irland mit den Andern,
Es war sein Weg, nach Frankreich heimzuwandern.

78.

Doch er verweilt in Irland sich nur wenig,
Kaum einen Tag; kein Bitten hält ihn dort,
Denn Liebe, die ihn treu und unterthänig
Nach seiner Dame sendet, treibt ihn fort.
Er reiset ab, doch er empfiehlt dem König
Olympien erst, und fordert noch sein Wort.
Es war nicht nöthig, denn er leistet ihr
Aus eignem Antrieb über die Gebühr.

79.

In kurzer Zeit berief er die Vasallen,
Schloß mit dem König Englands den Verein,
Und dem von Schottland auch; und nahm mit allen
Kastellen Holland schnell und Friesland ein,
Bewog dann Seeland, von ihm abzufallen,
Und ließ den Krieg nicht eh geendigt sein,
Bis er den Tod gegeben dem Verräther;
Zu kleinen Lohn für solcher Thaten Thäter.

80.

Nun ließ sich Obert mit Olympia trauen,
Statt Gräfin ward sie Königin genannt.
Doch es ist Zeit nach Roland umzuschauen,
Der Tag und Nacht im Meer die Segel spannt,
Bis er sie fallen läßt an schlaffen Tauen,
In jenem Port, der erst ihn ausgesandt.
Er springt auf seinen Brigliador in Waffen,
Und hat nichts mehr mit Wind und Flut zu schaffen.

81.

Ich glaub', er hat den Winter viel verrichtet,
Was nicht verdient, der Welt es zu verhehlen.
Doch weil der Ruf die Dinge nicht berichtet,
So ist's nicht meine Schuld, wenn sie hier fehlen;
Denn Roland war stets mehr darauf gerichtet,
Das Tapferste zu thun, als zu erzählen.
Nie hat man eine That von ihm erfahren,
Wenn keine Zeugen gegenwärtig waren.

82.

Er streifte still durch mancherlei Reviere,
So daß man nichts den Winter von ihm hörte.
Doch als die Sonn' in jenem klugen Thiere,
Das Phryxus ritt, am Himmel sich verklärte,
Und im Geleite lieblicher Zephyre
Der süße Frühling heiter wiederkehrte:
Entfalteten sich Rolands Wunderthaten
Mit jungen Blumen und erneuten Saten.

83.

Durch Berg und Thal, auf Feldern und auf Wegen,
Irrt' er umher voll Kümmerniß und Gram,
Als er aus kaum betretnen Waldgehegen
Ein lautes Schrein, ein jammernd Weh vernahm.
Er spornt sein Roß, und faßt den treuen Degen,
Und eilt dahin, woher der Laut ihm kam.
Allein, ich will ein andermal euch sagen,
Wenn's euch beliebt, was drauf sich zugetragen.

Nachschrift des Ueberſetzers an Ludwig Tieck.

Seien Sie ſchönſtens begrüßt, lieber Freund, wegen
Ihres Uebertritts zu uns, nämlich zu uns poetiſchen Ueber=
ſetzern. Ich treibe dieß Geſchäft aus Liebe zur Sache, ja
mit einer Art von Leidenſchaft, ſo daß ich immer eine große
Freude habe, wenn ſich ein wahrer Dichter dazu entſchließt.
In Ihrem Don Quixote erkenne ich die reiche Zierlichkeit,
die wohlklingende und gerundete Umſtändlichkeit der kaſtilia=
niſchen Proſa; in den Liedern und Sonetten glaube ich Laute
jener ſüßen ſüdlichen Poeſie zu vernehmen, deren geiſtiger
Geiſt und ſinnreich zarte Gefühle uns noch fremde ſind.
Ihre Arbeit hat uns einige ſchöne Abende verſchafft; möchte
Sie dagegen der überſetzte Geſang aus dem raſenden Ro=
land, den Sie hiebei empfangen, auch ein wenig er=
götzen. Wie mich überhaupt eine zufällige Veranlaßung ge=
rade jetzt zu dieſem Gedichte führte, ſo kam ich auch durch
Zufall an dieſen Geſang: aber es fand ſich, daß ich ihn zu
einem Probeverſuche recht glücklich herausgegriffen hatte.
Toll genug iſt er gewiß, und auch geſcheit genug, wie ich
denke, und ich ſtieß dabei auf Schwierigkeiten verſchiedener Art.
Dann liegt er auch nicht gleich am Eingange jener ſchönen
Wildniß, der ſchon zu einem abgenützten Spaziergange ge=
worden iſt: Werthes iſt nicht bis dahin gelangt; außerdem
ſind, ſo viel ich weiß, nur mit dem erſten Geſange Ver=
ſuche einer gereimten Ueberſetzung gemacht, die aber ſchon
an dem Scheidewege, wo Rinaldo und Ferrau ſich trennen,

ins Stecken zu gerathen pflegen, weil ihnen die Muse des
Romanzo, wie die fliehende Angelica, zu behende voraus ist.

Laßen Sie mich doch ihr Urtheil wißen, auch über die
metrische Behandlung. In ottave rime, und zwar in wirk-
lichen, nicht in solchen, die man nur so zu nennen beliebt,
muß der Ariost übersetzt werden oder gar nicht; von dieser
Bedingung kann, glaube ich, kein Ablaß stattfinden. Dieß
Silbenmaß, deßen Schwierigkeiten vor nicht langer Zeit in
unsrer Sprache für unüberwindlich gehalten oder ausgegeben
wurden, ist nun schon häufig bearbeitet, ja das Schwerste
versificiert sich so leicht, wenn man mit Phrasen zufrieden
sein will, daß eigentlich eine Ueberschwemmung davon zu
fürchten ist; die Leerheit mancher Gedichte hat auch den
Wohlklang der Stanzen zu einem angenehmen Gedudel her-
abgesetzt. Die italiänische Oktave hat durch den Wellengang
der Verse und die Verflößung der anfangenden und schlie-
ßenden Vokale der Wörter in einander an Mannichfaltigkeit
unstreitig viel vor der unsrigen voraus. Ich glaubte daher
mich nicht auf die üblich gewordene Form der letzten (nämlich daß von den verschlungnen dreifachen Reimen die weiblichen vorangehen und die männlichen folgen, und daß die
Schlußreime weiblich sind) einschränken zu dürfen, sondern habe
mir in Ansehung des Gebrauchs und der Anordnung der
männlichen und weiblichen Reime gar keine Regel vorgeschrie-
ben, bald diese, bald jene vorangesetzt, auch mit männlichen
geschloßen, und dann wieder ganze Strophen mit weiblichen
Endungen gemacht. Die Hauptsache ist, daß das Ohr gleich
vom Anfange an den Wechsel gewöhnt wird; er muß also
immerfort angebracht werden, weil eine lange gleichförmige
Reihe die Erwartung und Forderung ihrer Fortdauer her-
vorbringt. Für diese Freiheit läßt sich selbst das Vorbild

der italiänischen Dichter anführen: mit den männlichen Reimen machen sie sich zwar eben nichts zu thun, aber sie mischen nach Belieben, wiewohl selten, die sogenannten sdrucciole ein.

Artig ist es doch, daß Sie mir gerade, während ich mich mit diesem Versuche unterhielt, eine vorläufige Protestation gegen alle etwanigen Uebersetzungen des Ariost zuschicken mußten. Sie findet sich in dem Gerichte, welches über Don Quixotes Bibliothek von Ritterbüchern gehalten wird. „Wenn ich den Lodovico Ariosto antreffe," sagt der „Pfarrer, „und er redet nicht seine Landessprache, so werde „ich nicht die mindeste Achtung gegen ihn behalten; redet er „aber seine eigenthümliche Mundart, so sei ihm alle Hoch-„achtung;" und hernach: „wir hätten es gern dem Herrn „Kapitän erlaßen, ihn ins Spanische zu übersetzen und zum „Kastilianer zu machen." Wenn Ariost nicht einmal in eine so verwandte Mundart übertragen werden konnte, ohne „seine „eigentliche Trefflichkeit einzubüßen": in welcher Sprache dürfte man denn ein beßeres Gelingen hoffen? Zu meinem Trost hat der unvergleichliche Cervantes Ihnen gleichfalls verboten, seine Dichtung zu verdeutschen; er versichert, „daß „eben das allen begegnen werde, die Poesien in eine andere Sprache übersetzen wollen; denn bei allem Fleiße und „Geschicklichkeit, die sie anwenden und besitzen, wird der „Dichter nie so wie in seiner ersten Gestalt erscheinen können." An einer andern Stelle vergleicht er sie mit „brüsselschen „Tapeten an der verkehrten Seite, wo die Figuren noch kennt-„lich, aber durch die zusammenlaufenden Faden sehr entstellt „sind."

Leider gilt dieß wirklich von den meisten Uebersetzungen von Gedichten, wie sie von jeher in der Welt gänge und

gebe gewesen sind. Cervantes hätte Recht gehabt, sich die
meisten bisherigen Uebersetzungen seines Don Quixote zu
verbitten, namentlich die neuern französischen und die daher
abgeleiteten (die Engländer besitzen, so viel ich weiß, bis
jetzt noch keine andere), welche bloß den prosaischen Bestand=
theil der Satire übrig laßen, die dichterische Ausführung
aber, die reizende und zuweilen erhabene Zusammenstellung
der Parodie auf die veraltete Abenteuerlichkeit der ritterlichen
Romanzi mit eingewebten romantischen Dichtungen in einem
ausgebildeteren Geiste, größtentheils zerstören. Der Sinn
für diese Dinge erwacht auch erst allmählig wieder; vor
zwanzig Jahren konnte man ja in Deutschland nicht hoffen,
daß dieß Meisterwerk in seiner ursprünglichen vollständigen
Gestalt gefallen würde, und wer weiß wie vielen es noch
jetzt ein Aergerniß und eine Thorheit ist. Ich möchte es
wenigstens fürs erste noch nicht wagen, den Decamerone des
Boccaccio ganz wie er ist, mit den blumigen Einfaßungen
seiner Bilder und ihrer allerliebst geschwätzigen Ausführlich=
keit zu geben. Wenige Leser möchten sich zu dem Stand=
punkte erheben, das Ganze wie ein Konzert von Geschichten,
wie eine poetische Komposition aus prosaischen Bestandtheilen
zu betrachten. — Nur die vielseitige Empfänglichkeit für
fremde Nationalpoesie, die wo möglich bis zur Universalität
gedeihen soll, macht die Fortschritte im treuen Nachbilden
von Gedichten möglich. Ich glaube, man ist auf dem Wege,
die wahre poetische Uebersetzungskunst zu erfinden; dieser
Ruhm war den Deutschen vorbehalten. Es ist seit kurzem
hierin so viel und mancherlei geschehen, daß vielleicht schon
Beispiele genug vorhanden sind, um an ihnen nach der
Verschiedenheit der möglichen Aufgaben das richtige Ver=
fahren auf Grundsätze zurückzuführen; und ich will Ihnen

nur gestehen, ich gehe mit einem solchen Versuche um. Frei=
lich wäre mit der bloßen Theorie wenig geholfen, wenn man
nicht die Kunst selber besitzt; ich arbeite daher, mir diese zu
erwerben, und Sie müßen den überschickten Gesang als eines
meiner vielen Studien dazu betrachten. Meine Absicht ist,
Alles in seiner Form und Eigenthümlichkeit poetisch über=
setzen zu können, es mag Namen haben wie es will: An=
tikes und Modernes, klassische Kunstwerke und nationale
Naturprodukte. Ich stehe Ihnen nicht dafür, daß ich nicht
in Ihr kastilianisches Gehege komme, ja ich möchte Gelegen=
heit haben, die Sanskrit= und andere orientalische Sprachen
lebendig zu erlernen, um den Hauch und Ton ihrer Gesänge
wo möglich zu erhaschen. Der Entschluß wäre heroisch zu
nennen, wenn er willkürlich wäre: aber leider kann ich
meines Nächsten Poesie nicht ansehen, ohne ihrer zu begehren
in meinem Herzen, und bin also in einem beständigen poeti=
schen Ehebruche begriffen.

Was mich nur verdrießt, ist, daß man bei Anerken=
nung unserer Fortschritte in diesem Fache unsrer vortrefflichen
Sprache alles Verdienst davon zueignen will. Ich habe sonst
wohl mit eingestimmt, aber ich bin überzeugt, die Sprache
thäte es nicht ohne den Willen, den Eifer und den Sinn
derer, die sie gebrauchen. Wie lange Zeit haben auch die
Deutschen eben so dürftig manieriert übersetzt, wie die Fran=
zosen nur immer thun können! Sehen Sie nur die gegen die
Mitte dieses Jahrhunderts erschienenen Dolmetschungen von
französischen Tragödien, vom Tasso und aus den Alten, alle
gleichermaßen in Alexandrinern. Mir scheint, unser wesent=
licher Vorzug ist nur, von unausrottbaren grammatischen
und prosodischen Vorurtheilen frei zu sein und zu rechter Zeit
eingelenkt zu haben. Wären wir nicht jetzt durch die ängst=

liche Gebundenheit der Wortfolge geplagt, wenn die Sache
nicht durch Klopstock zuerst eine andere Wendung genommen
hätte? — Zu Ronsards Zeiten konnte man sich im Französischen noch zur Nachbildung eines Dante oder Petrarca
erheben; jetzt ist das vorbei. Eben so erscheinen die älteren
römischen Dichter, bis auf den Katull herunter etwa, mit
großer Wahrheit griechische Poesten übertragen zu haben, sie
machten sogar die dem Geist der lateinischen Sprache wider-
sprechenden zusammengesetzten Beiwörter nach. Späterhin,
sobald sich ein gewisser akademischer Begriff von Korrektheit
und Politur festgesetzt hatte, verlor sich diese Fähigkeit. Daß
es uns nicht auch einmal so geht, wie es schon öfter nahe daran
zu sein schien! Die Sprache der Römer konnte nur durch
unsägliche Mühe und Gewalt für die Poesie urbar gemacht
werden, und so hat auch bei uns die Undankbarkeit des
Bodens zu einer mühsameren Kultur genöthigt. Unsre Sprache
ist halsstarrig: wir sind desto biegsamer; sie ist hart und
rauh: wir thun Alles für die Wahl milder gefälliger Töne;
wir verstehen uns sogar im Nothfalle zu Wortspielen, einer
Sache, wozu die deutsche Sprache am allerungeschicktesten
ist, weil sie immer nur arbeiten, niemals spielen will. Wo
sind denn nun die gepriesenen Wundervorzüge, die unsere
Sprache an sich zur einzig berufnen Dolmetscherin aller
übrigen machen sollen? Ein Wörterreichthum, der gar nicht
so überschwenglich ist, daß er nicht beim Uebersetzen oft
Armut sollte fühlen laßen; die Fähigkeit zusammenzusetzen,
und hie und da neu abzuleiten; eine etwas freiere Wort-
stellung, als in einigen andern modernen Sprachen gilt, und
endlich metrische Bildsamkeit. Mit dieser geht es ganz na-
türlich zu, da unsre Poesie von der Zeit der Provenzalen
an meist immer fremden Mustern gefolgt ist. Daß die ge-

lungene Einführung der alten Silbenmaße (wie eingeschränkt und mangelhaft ihre Nachahmung auch noch ist), vielmehr dem Eifer und Sinn dafür, und den Bemühungen einzelner Dichter, als dem Bau der Sprache selbst zugeschrieben werden muß, habe ich an einem andern Orte gezeigt. In Ansehung der modernen Versarten war seit Opitz Alles nach französischen und holländischen Regeln gemodelt; erst allmählig und nach vielem Widerstande hat man englische und italiänische Weise darin aufgenommen. Ich weiß noch, daß mich korrekte Kunstrichter sehr getadelt haben, weil ich in einigen Sonetten nach dem Petrarca, von denen übrigens nicht mehr die Rede sein kann, lauter weibliche Reime gebraucht hatte. Jetzt wird uns Niemand mehr dieß Recht streitig machen, oder wir kümmern uns auch nicht darum. Und wie unbedeutend ist die Annäherung gegen diese charakteristischen Eigenheiten des italiänischen Verses, die ich nur zum Theil oben beschrieb, und die wir schlechterdings nicht erreichen können! — Endlich wird niemand, der in diesem Fache Erfahrungen gemacht hat, behaupten, die Sprache laße es einem durch Gefügigkeit und Ueberfluß an metrischen Mitteln und Freiheiten leicht werden. Die Armut an Reimen ist unter andern von der Art, daß sie einem Uebersetzer des rasenden Roland, der nicht eher loskommen sollte, als bis er fertig wäre, Flüche und Verwünschungen abbringen könnte, wie die Verdammten sie ausstoßen.

Um nicht in diese tragische Lage zu gerathen, erkläre ich ausdrücklich, daß mich der Einfall mit diesem Gesange zu nichts weiter verpflichten soll. Ich bin jetzt gar nicht gesonnen, diese Bravourarie mit ihren sechs und vierzig Variationen zu Ende zu fingen. Vielleicht kehre ich bei grauen Haaren einmal zum Ariost zurück; er ist recht dazu gemacht

die frostigen Jahre zu erwärmen: und wenn ich dann jähr-
lich einen Gesang fertige, so kann ich es zu einem ehrwür-
bigen Alter bringen. Leben Sie indessen wohl, grüßen Sie
den Sternbald, den ich von Rom glücklich nach seiner Heimat zurückgeführt zu sehen wünsche, und fahren Sie fort in
Ihrer Mühle des guten Geschmacks von unsern Schriftstellern
besonders die nur beliebten zu walken.

Torquato Tasso.

Aus dem Amyntas.

I.

Prolog.

Amor.

Wer sollte glauben, daß in Menschenbildung
Und unter dieser schäferlichen Hülle
Ein Gott verborgen wäre? Und mit nichten
Ein wilder Gott, vom Götterpöbel einer;
Nein, unter allen Himmlischen und Großen
Der mächtigste, der oft den blut'gen Degen
Der Hand des Mars entfallen läßt, Neptunen,
Dem Erderschütterer, den großen Dreizack,
Ja selbst dem höchsten Zeus die ew'gen Blitze.
Gewiß! in diesem Aeußern, diesen Trachten,
Wird meine Mutter Venus selbst nicht wieder
Mich Amor, ihren Sohn, so leicht erkennen.
Ich bin vor ihr gezwungen mich zu flüchten
Und zu verstecken: denn nach ihrem Willen,
Verlangt sie, soll ich mich und meine Pfeile
Nur stets verwenden: und als Weib, und eitel
Und voller Ehrgeiz, stößt sie mich beständig

9*

An Höf' und unter Kronen, unter Scepter,
Und will, da soll ich meine Macht bewähren.
Und bloß dem niedern Haufen meiner Diener,
Bloß meinen jüngern Brüdern will sie gönnen,
Daß sie in Wäldern wohnen, und die Waffen
An rohen Herzen üben. Ich, kein Knabe,
Wiewohl von knabenhafter Mien' und Wesen,
Will über mich verfügen nach Gefallen;
Denn mir ward, und nicht ihr, verliehn zum Looße
Der goldne Bogen, die allmächt'ge Fackel.
Darum, mich oft versteckend und entfliehend
Der Herrschaft nicht, die sie nicht hat, den Bitten,
Die mächtig sind, wenn eine Mutter dringet,
Rett' ich mich in die Büsch' und in die Hütten
Geringen Volks; sie folgt mir und verheißet
Dem, der mich ihr nachweisen will, zu lohnen
Mit süßen Küssen, ja noch schönern Gaben.
Als wüßt' ich nicht es gleichfalls zu vergüten
Dem, welcher schweigt und mich vor ihr verhehlet,
Mit süßen Küssen, ja noch schönern Gaben.
Dieß weiß ich wenigstens, daß meine Küsse
Den Mädchen immer lieber bleiben werden,
Versteh' ich Amor anders mich auf Liebe.
Deswegen sucht sie dann mich oft vergeblich,
Weil man mich nicht verrathen will, und schweiget.
Doch, um verborgner noch zu sein, wenn Zeichen
Nicht auf die Spur sie bringen, legt' ich jetzo
Die Flügel ab, den Köcher und den Bogen.
Jedoch kam ich hieher nicht unbewaffnet:
Denn dieß, was Ruthe scheint, ist meine Fackel
(So hab' ich sie verwandelt), und sie hauchet

Rings um sich her die unsichtbaren Flammen;
Und dieser Pfeil, zwar ohne goldne Spitze,
Ist göttlich doch gestählt, und präget Liebe,
Wo er hindurchdringt, ein. Er soll mir heute,
Tief und unheilbar, eine Wunde schlagen
Im harten Busen einer Nymphe, spröde
Wie keine je gefolgt dem Chor Dianens.
Auch soll nicht kleiner werden Silvias Wunde
(Dieß ist der alpenlichen Nymphe Name),
Als jene war, die, nun seit vielen Jahren,
Ich selber schlug Amyntas weichem Busen,
Als er, noch jung und zart, die Jung' und Zarte
Begleitete beim Jagen und beim Spielen.
Und daß mein Streich sie inniger durchbringe,
Erwart' ich, bis das Mitleid erst erweichet
Den starren Frost, den rings an ihrem Herzen
Gelagert hat die Strenge keuscher Sitten
Und jungfräulichen Stolzes; und dann eben
Wenn er zerschmilzt, will ich den Pfeil ihr schleudern.
Und, ein so schönes Werk recht abzuwarten,
Geh' ich, und will mich mischen in den Haufen
Der festlich feiernden gekrönten Hirten,
Der auf dem Weg hieher ist, wo in Spielen
Er seine Feste zubringt; will mich stellen
Wie ihrer einer; und an diesem Orte,
Hier eben will ich meinen Streich vollbringen,
Daß ihn kein sterblich Auge wahr soll nehmen.
Heut soll dieß Waldrevier auf neue Weise
Von Liebe sprechen hören, soll sich's zeigen,
Daß meine Gottheit hier sei gegenwärtig,
Sie für sich selbst und nicht in ihren Dienern.

Einhauchen edlen Sinn den rohen Busen
Will ich, will ihrer Zungen Laut versüßen:
Denn Amor bin ich, wo ich sei auch immer,
Nicht minder unter Hirten als Heroen,
Und Ungleichheiten in den Gegenständen
Gleich' ich nach Wohlgefallen aus; ja dieses
Ist höchster Ruhm mir, und mein großes Wunder,
Gelehrten Leiern ähnlich ganz zu machen
Die ländlichen Schalmeien; und erkennet
Dieß meine Mutter nicht, die mich in Büschen
Unwillig irren sieht, ist sie die Blinde,
Nicht ich, den blind der blinde Pöbel nennet.

II.

Chorgesang der Hirten

vom goldnen Zeitalter.

O goldne Zeit! zu preisen,
  Nicht, weil da Flüße quollen
Von Milch, und Honig die Gehölze träuften;
  Nicht weil kein pflügend Eisen
Von selbst ergieb'ge Schollen
Zerriß, und ohne Gift die Nattern schweiften;
  Nicht, weil sich niemals streiften
Der Wolken düstre Schleier;
Bei ew'ger Lenze Blühen,
Die nun erstarr'n und glühen,
Der Himmel lachte wie in heitrer Feier;
  Die Ficht', entrückt dem Lande,
Nicht Krieg noch Waaren trug zum fernen Strande:

Nein, bloß weil jener leere
  Nam' ohne Sinn und Wesen,
Dieß Götzenbild des Wahns, der Nichtigkeiten,
  Dieß, was hernach als Ehre
Die blinde Meng' erlesen
Tyrannisch wider die Natur zu streiten,
  Noch nicht den Süßigkeiten
Der liebenden Geschlechter

Einmiſchte ſeine Plagen,
Sein hart Geſetz zu tragen .
Nichts jene Seelen zwang, der Freiheit Töchter;
Ein goldnes nur, geſchrieben
Vom Griffel der Natur „Folgt euren Trieben.“

In ſüßen Reigen irrten
Durch Blumgewinde lüſtern
Die Amorn, ohne Fackel, ohne Bogen.
Es ſaßen Nymphen, Hirten,
Und miſchten koſend Flüſtern
In ihr Geſpräch, wozwiſchen Küſſe flogen,
Inniglich feſt geſogen.
Das Mägdlein durfte zeigen
Der friſchen Roſen Fülle;
Beſorgt um keine Hülle
Ließ ſie des Buſens herbe Früchte ſteigen.
Man ſah im Bach, im Weiher
Mit der Geliebten ſcherzend oft den Freier.

Du haſt zuerſt, o Ehre,
Verſteckt den Quell der Wonnen,
Die dem verliebten Durſte nun verſtegen.
Du haſt die ſpröde Lehre
Der Schönheit ausgeſonnen,
Sich vor dem Blick in ſich zurück zu ſchmiegen.
Der Locken freies Fliegen
Haſt du im Netz gebunden,
Für ſüß muthwill’ge Sitten
Nur ſtrengen Ernſt gelitten,
Den Reden Zügel, Maß dem Schritt erfunden.

Mit tödtendem Betriebe
Machst du zum Raub, was Gabe war der Liebe.

Und deine Heldenwerke
   Sind unser Weh und Qualen.
   Du, die Natur und Liebe weiß zu zähmen,
   So wie der Kön'ge Stärke,
   Was nahst du diesen Thalen,
   Die sich vor deiner Hoheit müßen schämen?
   Geh, um den Schlaf zu nehmen
   Den Mächtigen und Großen!
   Und laß im niedern Kreiße
   Fortleben nach der Weise
   Der alten Welt, verschmäht und ausgefloßen.
   Lieben wir, denn es eilen
   Des Lebens Jahr' und wollen nicht verweilen.

Lieben wir, denn die Sonne sinkt und steiget,
   Uns birgt nach kurzem Schimmer
   Sie sich in Schlaf und tiefe Nacht auf immer.

Madrigale.

I.

Die wunderſchöne Kleine,
Die noch nicht Lieb' empfindet,
Der kaum der Ruf noch ihre Macht verkündet,
Spielt mit der Augen Scheine,
Und mit dem ſüßen Lachen,
Und merkt nicht, wie die Pfeile Wunden machen.
Wie ſoll ſie nun verſchulden,
Da ſie nicht weiß von Waffen,
Was die Durchbohrten dulden?
O Schönheit, harmlos mörderiſch erſchaffen!
Zeit iſt es nun, daß Liebe deinem Herzen
In eignen Wunden zeige unſre Schmerzen.

II.

In deinen ſüßen Küſſen
Iſt Honig wohl der Bienen,
Doch ihr grauſamer Stich iſt auch in ihnen,
Und Süßigkeit und Wunde
Trug ich von deinem Munde.

III.

Wie weiß dein hold Erbleichen
Der Roſe Pomp zu tödten,

Die wir erzürnt noch höher seh'n erröthen!
Ja, diese Farb' ist Zeichen
Von Amors eignen Händen,
Panier, zu dem sich seine Krieger wenden.
Aurora selbst will spenden
Deine Violen, und den Purpur laßen,
Und mit dir wünscht die Sonne zu erblaßen.

IV.

    Wenn du, mein Stern, betrachtest
Das schöne Sterngewimmel,
Wollt' ich, ich wär' der Himmel,
Damit du bei mir wachtest,
In meinen Blick versunken
Mit deinen süßen Funken,
Und ich mit tausend Augen
All' deine tausend Reize könnte saugen.

Sonett.

I.

Wie diese Lippen, die die Rosen färben,
  Hervorgedrängt, sich weich und schwellend runden,
  So, glaub' ich, hat es Amors Kunst erfunden,
  Zum Kuß einladend, Beute zu erwerben.
Verliebte! wagt euch nicht in eu'r Verderben,
  Wo jener, wie durch Blumen hingewunden
  Die Schlange, lauscht, euch stechend zu verwunden;
  Ich seh' ihn dort, ich warn' euch vor dem Herben.
Ich, in den Liebesschlingen sonst gefangen,
  Erkenne sie; und Vorsicht, die ihr brauchet,
  O Jünglinge! von mir könnt ihr sie lernen.
Wie Tantals Früchte nah'n sich dem Verlangen
  Die Rosen, um sich wieder zu entfernen;
  Bloß Amor bleibt, der Gift und Flamme hauchet.

Sonett.

II.

Leben wir, lieben, meine holde Hielle!
   Sei Epheu, das den theuren Stamm umschlungen,
   Küssen wir, und die Küss' und Liebkosungen
   Sei'n zahllos wie Gestirn und Meereswelle.

Auch Seel' und Seele küssend sich geselle:
   Schmelz' Amor sie als Bildner, bis gelungen,
   Daß, wenn sie aufgelöst sich ganz durchdrungen,
   Ein neuer Geist in Hauch und Rede schwelle.

Geliebte Salmacis! wie Baum und Pflanze,
   Einander eingeimpft, zwiefach gedeihen,
   Und eins dem andern Schmuck verleiht und Adel:

So werd' ich prangen nun in deinem Glanze,
   So mag dein Herz von mir Gedanken leihen,
   Und uns gemein wird Feder sein und Nadel.

Sonett.

III.

Hör', Phyllis, wie es donnert! hör' von droben
Die Dünst', in Eis verwandelt, nieder rinnen.
Was aber soll uns kümmern Zeus Beginnen?
Freu'n wir uns hier, mag er im Himmel toben!

Freu'n wir uns liebend! laß uns neue Proben
Der süßen Glut in nächt'ger Lust gewinnen!
Sein Donner schrecke nur des Pöbels Sinnen,
Von Glück und Zufall weit umher gestoben.

Wohl thöricht und sich selbst ist zur Beschwerde,
Wer hofft und fürchtet, und, dem er entgegen
Erwartend steht, sein Schicksal übereilet.

Die Welt geh' unter, mir ist nur gelegen
An dem, was mehr Genuß und Lust ertheilet;
Denn, muß ich Erde sein, ich war ja Erde.

Guarini.

Sonette.

I.

Treu', der mein Herz zum Tempel ich erhoben,
  Wie keinen je Aegypten fromm geehret,
  Der bangen Liebes-Pilgrimmen gewähret
  Nicht bloß Geleit, ein Bild glorreicher Proben:

Weil bei den Stürmen, die ich muß erproben,
  Wie mich die Qual mit wüster Wuth verheeret,
  Er fester, unbezwungner sich bewähret
  Im harten Kampf, je mehr mein Feind mag toben;

Auf daß darin du, Göttin, mögest walten,
  Bau' ich und weih' den Altar meiner Flamme,
  Die dir allein kann hohen Beistand danken.

Du pfleg', und laß sie ewig nicht erkalten,
  Denn, gleich des Meleager heil'gem Stamme,
  Bestimmt sie meiner Lebensbahn die Schranken.

II.

Wann Liebe, meinem Frieden nicht gewogen,
  Zu süßem bittern Spiel mich will gewinnen
  Mit zweien holden Lichtern, so beginnen,
  Auf's neu die Flammen, die ich sonst gepflogen.

Doch wann die Nacht, mit Schweigen mild umzogen,
  Die Seele stillt, und Wahres gilt den Sinnen,
  Lösch' ich das Feuer, sammle mich nach innen,
  Und nähre mir das Herz mit Lethes Wogen.

So, gleich dem Vogel, den beleimte Stäbe
  Schon flengen, nah' ich, fliehe dann die Stricke;
  Je süßer Lieb' ist, mehr ich widerstrebe.

So zwischen Feu'r und Eis ist mein Geschicke;
  Ich wirke der Penelope Gewebe,
  Bei Tage webend, was ich Nachts entstricke.

III.

Dich muß die Sonne, die mir schwand, erhellen,
  Neid'scher Monarch der Flüße!*) reich an Schätzen
  Die du mir raubst, kannst goldnen Sand du netzen,
  Und beide Ufer mit Smaragden schwellen.

Bald bist du Spiegel ihr, bald statt der Quellen;
  Flichtst Laub und Blumen, auf ihr Haar zu setzen,
  Indessen sie in lieblichen Geschwätzen
  Bepflüget deine sel'gen stillen Wellen.

Lenkt' ich doch solches holden Schiffes Steuer,
  Wann, daß mein Stern allein mich möge leiten,
  Der Himmel läßt all seine Lichter schlafen!

Die Seufzer wären Lüft'; als Segel breiten
  Dürft' ich das Herz; mein Pfand, so köstlich theuer,
  Wär' meine Waare; dieser Arm der Hafen.

*) Der Po.

IV.

Wohl mocht' es einst ein kühner Witz erreichen,
   In Lüften fremde Fitt'ge zu entfalten;
   Der ließ auf neuem Meer sein Steuer walten,
   Zu neuen Welten, jenseit Herkuls Zeichen;

Dem mußte selbst die Macht der Parce weichen,
   Ein theures Leben sinkend aufzuhalten;
   Und jener drang noch lebend, ohn' Erkalten,
   Zu ew'gen Schatten und des Orkus Reichen.

Beim Zauberklang sind oft des Mondes Scheine
   Erloschen, nicht der Atlas stehn geblieben,
   Und der tartar'sche Sitz hat müßen beben.

Jedwedes Wunder sieht man sich begeben
   In Himmel, Erd' und Meer, bis auf dieß eine:
   Ein schönes Weib den greisen Buhlen lieben.

V.

Auf den Tod des Michelangelo.

Der, dessen Griffel Leben aufzutragen,
    Die Schatten zu beseelen, kühn verstanden,
    Daß die Natur ward vor der Kunst zu Schanden,
    Der Kunst, durch ihn so hoch emporgetragen,

Wenn wir nach seiner kalten Hülle fragen:
    Ein Stein verschließt sie, läßt ihn nicht abhanden;
    Nach Werk und Ruhm: ist er schon auferstanden,
    Wo ihn nicht abruft unser Weh noch Klagen.

Die weise Hand starb, die gemalt, gestaltet,
    Nicht, der sie lenkte; mit dem ew'gen Meister,
    Werth des Vereins, ein Bildner ohne Mängel.

Jetzt schaut er dort ganz gleich das Wahr' entfaltet
    Dem was er hier gedichtet: billig heißt er
    Ein Maler mit der Hand, an Geist ein Engel.

VI.

Strahlte das Licht der Seele, der von droben
  Verliehen ward der Schönheit höchste Reine,
  Wie der Sinn schaut die eitlen trüben Scheine
  Der schwachen Hülle, welche jen' umwoben:

O mit wie unbezwungner Treue Proben
  Räng' alsdann manche Brust nach dem Vereine;
  Die Kraft in zweien Herzen wär' nur Eine,
  Und Liebe würd' um Liebe sich geloben.

Doch das Herz traut dem Aug', und späht dem Schönen
  In einem Antlitz nach, weil überraschend
  Dieß ihm die erste Lockung will gestatten.

Da wähnt es dann verliebt, mit eitlem Stöhnen,
  Verläßt, wie ein Ixion Wolken haschend,
  Der Schönheit Sonne, und umarmt die Schatten.

Scenen aus dem Pastor Fido.

1.

Fünfte Scene des zweiten Aktes.*)

Amaryllis allein.

Geliebte, sel'ge Haine,
Ihr einsamen und tiefverschwiegnen Schauer,
Des Friedens und der Ruh wahrhafte Stäten:
O wie euch zu betreten
Mich wieder labt! Und hätten die Gestirne
Es mir verliehn zum Loße,
Mir selbst zu leben, und nach meinen Wünschen
Mein Leben mir zu bilden,
So wollt' ich mit Elysiums Lustgefilden,
Mit der Halbgötter hochbeglücktem Garten,
Dieß' eure holden Schatten nicht vertauschen.
Denn wenn ich's recht betrachte,
Sind diese Erdengüter
Nur Plagen der Gemüther.

---

*) Amaryllis, als die einzige Schäferin von göttlicher Abkunft, ist durch einen Orakelspruch dem Silvio, als dem einzigen durch den gleichen Vorzug Ausgezeichneten, bestimmt. Silvio, ein junger spröder Jäger, scheint überhaupt für die Liebe unempfindlich, während sie eine heimliche zum Myrtill nährt.

Ihr Ueberfluß schafft Mangel

Und der Besitzer wird vielmehr besessen:

Reichthümer nicht, nein, Schlingen

Der Freiheit nur zu nennen.

Was hilft in blüh'nden Jahren

Der Schönheit Vorrecht, oder

Der Ruf sittsamer Tugend,

Die Sterblichkeit durch Götterblut geadelt,

So manche Gunst des Himmels und der Erden,

Hier üpp'ge, weite Felder,

Und dort bekränzte Hügel,

Fruchtbar die Weiden und noch mehr die Herden,

Wenn doch das Herz nicht kann zufrieden werden?

Beglücktes Hirtenmädchen

Dem eben nur die Hüften

Ein armes zwar, doch saubres

Und weißes Röckchen gürtet,

Bloß mit sich ausgestattet

Und in die Reize der Natur sich kleidend;

Die weder Armut kennet

In süßer Armut Schooß, noch die Beschwerden

Des Reichthums je empfindet,

Allein was der Begierde

Zu haben wehrt, sich alles sieht beschieden:

Wohl nackt, jedoch zufrieden.

Mit der Natur Geschenken

Weiß sie Geschenke der Natur zu nähren;

Milch muß die Milch beleben,

Ihr würzt das Süß der Bienen

Den Honig angeborner Süßigkeiten.

Der Quell, woraus sie trinket

Darf auch allein sie baden und berathen;
Die Welt lacht ihrem Lächeln.
Für sie umwölft der Himmel sich vergebens,
Und waffnet sich mit Hagel,
Denn ihre Armut bringt ihr sichern Frieden:
Wohl nackt, jedoch zufrieden.
Ein süßes, aller Noth entbundnes Sorgen
Wohnt einzig ihr im Herzen:
Die ihr vertraute Herde
Weidet die grünen Kräuter, und sie weidet
Mit ihren Augen den geliebten Hirten,
Nicht welchen ihr bestimmten
Die Menschen oder Sterne,
Nein, den ihr gab die Liebe.
Und in den schatt'gen Lauben
Des auserkornen holden Myrtenhaines
Schmachtet sie nach dem Schmachtenden, und fühlet
Kein Liebeglühn, das sie nicht da enthülle,
Wo nie von Gegenglut die Glut geschieden:
Wohl nackt, jedoch zufrieden.
O Leben, das nicht ahndet, was es heiße
Noch vor dem Tode sterben!
Könnt' ich dein Looß für meines doch erwerben!

II.

Zweite Scene des dritten Aktes.*)

Amaryllis, Chor der Nymphen, Myrtill bei Seite,
Corisca im Hintergrunde.

Amaryllis.

Seht da die Blinde!

Myrtill.

Seht sie, o Entzücken!

Amaryllis.

Was weilt ihr noch?

Myrtill.

O Töne, die verwunden
Und heilen in Sekunden!

Amaryllis.

Wo seid ihr, und was macht ihr? Du, Lisetta,
Die so verlangt hat nach dem Spiel der Blinden!
Was zögerst du? wo bist du hin, Corisca?

Myrtill.

Wohl kann man jetzo sagen,
Die Lieb' ist blind und hat verbundne Augen.

---

*) Die buhlerische Corisca hat sich in das Vertrauen der Ama-
ryllis eingeschmeichelt, und dem Myrtill Gelegenheit zu einem Gespräch mit seiner Geliebten versprochen, in der Hoffnung dieß für
ihre eigne Leidenschaft zu benutzen. Myrtill erwartet Amaryllis ohne
ihr Vorwißen, wo sie mit andern jungen Mädchen zum Spiel der
Blinden kommt.

Amaryllis.

Hört an und merkt, ihr Beiden,
Die ihr den Weg mir weist, und hier und dorten
Mich haltet bei der Hand, indes sich unsre
Gespielinnen versammeln!
Führt erst mich weit hinweg von diesen Sträuchen,
Wo größrer freier Raum ist: in der Mitte
Laßt mich allein da stehen,
Und geht zur Schar der Andern; all' zusammen
Schließt einen Kreiß dann, und das Spiel beginne.

Myrtill.

Was wird aus mir hiebei? Ich kann nicht sehen
Bis jetzt, was für ein Vortheil zu erwarten
Von diesem Spiel sei, meinen Wunsch zu stillen;
Noch zeigt sich mir Corisca,
Mein Angelstern. Der Himmel sei mir günstig.

Amaryllis.

Nun kommt ihr endlich. Dachtet ihr nichts andres
Zu thun, als mir die Augen zu verbinden,
Thörinnen, die ihr seid? Laßt uns beginnen.

Chor singt.

Blind, o Liebe! willst du scheinen,
Und machst nur blind die Deinen
Für nahe Reue,
Denn mehr als das Gesicht, fehlt dir die Treue.

Sehend, blind, ich will dich fliehen,
Und, dir mich zu entziehen,
Die Stelle tauschen,
Denn, auch so blind, kannst du wie Argos lauschen.

Haft du mich so blind betrogen,
Und blind in's Netz gezogen,
Nun ich entsprungen,
Wär' ich wohl thöricht, wenn dir's noch gelungen.

Flieh' und scherze nach Gefallen,
Wird keine doch von allen
Dir ferner glauben,
Weil deine Scherze wild das Leben rauben.

Amaryllis.

Ihr spielt auch allzusehr von Weitem, hütet
Zu sehr euch vor Gefahren.
Man muß wohl fliehn, allein zuvor doch treffen.
Berührt mich, nähert euch, und nicht für immer
Sollt ihr so frei entkommen.

Myrtill.

Was seh' ich und wo bin ich, hohe Götter?
Im Himmel? auf der Erde? Habt ihr, Himmel,
In euren ew'gen Kreißen
So süße Harmonie? Stehn eure Sterne
So hold im Gegenscheine?

Chor singt.

Aber du, treuloser Blinder,
Rufst mich zum Spiel nicht minder.
So sieh mich spielen,
Mit Füßen fliehn, mit Händen nach dir zielen,
Und laufen und dich treffen,
Bald hier, bald da dich äffen,
Daß rings umher du schweifest,
Und doch mich nie ergreifest,

O blinde Liebe,
Denn frei sind meine Triebe.

Amaryllis.

Bei meiner Treu, Lycoris!
Ich dacht', ich fienge dich, und merk', ich habe
Nur einen Strauch gefangen.
Ich höre wohl dich lachen.

Myrtill.

Daß ich der Strauch doch wäre!
Seh' ich nicht dort Corisca
Verborgen im Gebüsch? Sie ist es selber,
Und scheint mir zuzuwinken,
Ich weiß nicht was, doch winkt sie immer wieder.

Chor singt.

Freies Herz giebt flücht'ge Füße:
O Schmeichler, deine Süße,
Dein falsch Vergnügen,
Soll es mich wieder locken, mich betrügen?
Doch kehr' ich um, und wage,
Und kreiß', und flieh' und schlage,
Und weiß dir zu entweichen,
Du kannst mich nicht erreichen,
O falsche Liebe,
Denn frei sind meine Triebe.

Amaryllis.

Verwünschter Strauch, o wärst du ausgerißen!
Muß ich dich wieder greifen!
Zwar scheinst du mir ein andrer jetzt beim Tappen,
Glaubt' ich etwa nicht sicher,
Ich hätte diesesmal dich schon, Elisa?

Myrtill.

Noch immer hört Corisca
Nicht mir zu winken auf, und so unwillig,
Daß sie zu drohen scheint. Verlangt sie etwa,
Ich soll mich unter diese Nymphen mischen?

Amaryllis.

Soll ich denn heut beständig
Nur mit den Sträuchen spielen?

Corisca.

Wohl muß ich wider meinen Willen reden,
Und aus dem Winkel treten.
Muthloser, fang sie! Worauf willst du warten?
Daß sie dir selber in die Arme laufe?
Laß wenigstens dich fangen! Gieb indessen
Den Wurfspieß mir und geh' ihr, Thor, entgegen.

Myrtill.

O wie so übel stimmen
Der Muth und das Verlangen!
So wenig wagt das Herz, das so viel wünschet?

Amaryllis.

Für dießmal mag sich noch das Spiel erneuern,
Denn ich bin müde schon; ihr laßt auch wahrlich
Zu unbescheiden mich so lange laufen.

Chor singt.

Jene Gottheit, siegbekrönet,
Der alle Welt gefröhnet,
Tribut getragen,
Seht heute sie verlacht, seht sie geschlagen!
Wie sich vom Tag' erhellet
Die blinde Eule stellet,
Wenn Vögel sie in Schwärmen

Bekriegen und umlärmen,

Und sie will hacken

Mit ihrem Schnabel, duckt und streckt den Nacken:

So wollen wir dich necken,

O Lieb', an allen Ecken;

Der Rücken, wie die Wangen

Muß Stich und Schlag empfangen,

Und nicht gelingen

Soll Krallen strecken oder Flügel schwingen.

Myrtill wird von der Corisca der Amaryllis entgegen ge=
stoßen und von dieser gefangen, der Chor der Nymphen zerstreut
sich, indem er noch singt:

Süßes Spiel hat bittre Ruthen.

Da muß denn bluten

Der Vogel für sein Naschen;

Wer mit der Liebe scherzt, den wird sie haschen.

III.

Schluß der dritten Scene des dritten Aktes.

Myrtill.

O Scheiden voller Leiden!
O Ende meines Lebens!
Von dir scheid' ich und sterbe nicht? Vergebens
Fühl' ich des Todes Qualen,
Denn ich muß in dem Scheiden
Ein lebend Sterben leiden,
Das Leben giebt den Schmerzen,
Auf daß der Tod unsterblich wohn' im Herzen.

IV.

Chor, am Schluße des dritten Aktes.

Wie bist du groß, o Liebe!
Ein Wunder der Natur, der Welt zu preisen.
Welch rohes Herz und Wildheit ohne Gleichen
Kann deiner Kraft entweichen?
Doch welcher Tiefsinn oder Witz der Weisen
Kann deine Kraft ergründen?
Wer sieht, wie deine Gluten sich entzünden
Ueppig und ausgelaßen,
Wird sagen: Irb'scher Geist, dich aufzufaßen
Taugt nur des Leibes Hülle.
Doch wer dann sieht, wie zu der Tugend Fülle
Den Liebenden erhebend,
Dein Feuer, was sonst ungestüm erglühte,
Alsbald erlöschen macht, wird bleich und bebend
Ausrufen: Hoher Geist, nur im Gemüthe
Hast deinen Sitz, dein Heiligthum du innen.
Seltsames Wunderwesen,
Menschlich und Gott=gestaltet,
Zum Sehen blind, zur Weisheit nicht erlesen,
Von Vernunft und Begier, von Geist und Sinnen
Verworrenes Beginnen!
Ein solcher bist du's dennoch, welcher waltet
Im Himmel und auf Erden, die dir fröhnen.
Doch, ohne dich zu höhnen,

Ein stolz'res höh'res Wunder noch entfaltet
Als dich die Welt, und das du nicht erschwingest,
Weil, was du nur vollbringest
Hier unter uns, das staunend wir erheben,
In schönen Weibes Kraft dir ist gegeben.
O Weib, des Himmels Gabe,
Nein, vielmehr einzig dessen,
Der deine holde Hülle
Dir, beider Schöpfer, schöner zugemeßen!
Was ist, das schön wie du der Himmel habe?
An weiter Stirn Ein Auge,
Unförmlicher Cyklope, läßt er kreißen,
Nicht, dem, der es betrachtet, Licht zu weisen,
Nein, daß man tiefe Blindheit ihm entsauge.
Und wenn er seufzt und redet,
Erhebt er eines zorn'gen Leu'n Gebrülle,
Nicht Himmel mehr, ein Feld von grausen, dunkeln
Sturmwolken rings befehdet,
Schießt er den Blitz mit wilder Strahlen Fülle.
Du, mit dem sanften Funkeln,
Und mit dem Blicke, der so englisch milde,
Von zweien anschaubaren heitern Sonnen,
Bringst in das stürmisch wilde
Gemüth des, der dich anschaut, ruh'ge Wonnen.
Aus Ton, Bewegung, Schimmer,
Reiz, Schönheit, Sitte, sind dir Harmonieen
So süß im schönen Angesicht verliehen,
Der Himmel wage nimmer,
Muß nur dem Paradies der Himmel weichen,
Mit dir, du göttlich Ding, sich zu vergleichen.
Wohl ist's mit großem Rechte,

Daß jenes stolze Wesen
Das Mann genannt wird, dem sich Alles neiget,
Was sterblich von Geschlechte,
Wenn er sieht, was an dir sich Hohes zeiget,
Sich vor dir bückt; und wenn nur er regieret,
Und thront und triumphieret,
So ist's nicht, weil mit Scepter und mit Kranze
Er würdiger sich zieret:
Nein, dir zu höherm Glanze;
Denn, je mehr des Besiegten Preis gestiegen,
Um so glorreicher ist's, ihn zu besiegen.
Daß aber deiner Schöne
Nicht bloß der Mann, besiegt die Menschheit fröhne,
Davon kann heut Myrtill, wen Zweifel rühren,
Zum Wunder überführen.
Dieß konnte deinem Werth, o Weib, nur fehlen,
Zu hoffnungsloser Liebe zu beseelen.

V.

Aus der fünften Scene des fünften Aktes.

Carin.

Der Zorn war nie ein ungestümes Wüthen
Im Busen edlen Blutes;
Nichts andres als ein Hauch erhabnen Muthes,
Der, strömend durch die Seele,
Wenn sie am meisten von Vernunft berathen,
Sie kühn macht, und erweckt zu schönen Thaten.

Madrigale.

I.

„Ich liebe dich, mein Leben!" sagt mein Leben
So hold, als ob in diesen Einen Laut,
Der alle Süße thaut,
Ihr ganzes Herz sich freudig umgestalte,
Damit ich drinnen walte.
O Stimme des Entzückens und der Lust!
Nimm, Liebe, sie! erhalte
Sie eingeprägt der Brust!
Sie soll allein mir Seel' und Athem geben;
„Ich liebe dich, mein Leben!" sei mein Leben.

II.

Es blieb nicht ungerochen
Der Raub, den ich verbrochen;
Drum mag's euch nicht verdrießen,
Liebreizend süße Lippen,
Daß ich von euern frischen Rosen nippen
So werthe Speise durfte dem Verlangen,
Da ich zur Strafe ließ mein Herz gefangen.

III.

O welchen Kuß hatt' ich von meiner Lieben
Süß, aber unvollendet!

11*

Ich weiß nicht, gab sie, hab' ich ihn entwendet.
Es war ein Nein, das wollte; ein Benehmen,
Halb Geben und halb Nehmen;
Ein so gefällig Weigern, es begehrte,
Was weigernd es gewährte;
Ein mild Verbot, das selber, es zu brechen,
Einladend schien zu heißen,
Und den Entreißer hinriß zum Entreißen.
Ach, war dieß Raub, so möge Niemand sinnen,
Wie er will Gunst gewinnen.
Werb', Amor! nur ein Räuber: ich erlaub' es;
Die Gabe weiche ganz der Lust des Raubes.

IV.

Ich dich, mein Herz, nicht lieben?
Nicht mehr dein Leben sein, wie du das meine?
Gelockt von neuen Trieben,
Von neuer Hoffnung, sollt' ich dich verlaßen?
Nein, eh der Tag erscheine,
Mög' ich im Tod erblaßen.
Denn, wenn du dieses Herz bist, dessen Streben
Mir schafft so süßes Leben,
Quell jedes Guts, um das die Wünsche werben:
Wie könnt' ich dich verlaßen, und nicht sterben?

V.

O mitternächtlich Wunder voller Wonne,
Und nicht etwa im Traume!

Bei Mondenlicht betracht' ich meine Sonne.
Du Mond, durch dessen Güte
Mich das erfreut, was mir der Tag genommen!
Weil ja dein Schein entglommen
Und meines Abgotts vielgeliebte Blüthe,
So sei, auf jenem sel'gen Strahl, der leise
Ihr schönes Antlitz rühret,
Vom süßen Mund Ein Kuß mir zugeführet.
Dann hemme nur die Reise,
Mich trenne von der meinen
Nicht deiner Sonn' Erscheinen.　Ach mir Armen,
Der, wo dein Strahl, nie hinreicht mit den Armen!

VI.

　　Lycoris gab Bathyllen
Ein Röschen, wie mir schien, des Paradieses.
So lieblich that sie dieses,
So hold erröthend im Gesicht: die Lose
Schien eine Rose, gebend eine Rose.
Da sprach zu ihr der Hirte,
Indem er süß vor Liebe seufzend girrte:
O dürft' ich mehr erlangen,
Der Rose Geberin zur Gab' empfangen!

VII.

　　Welch ein Entzücken ist es, duft'ge Lippen,
Euch küssen, euch belauschen!
Doch kann ich eins nur um das andre tauschen.
Wie tödten' eure Freuden
Sich doch einander, da von einer jeden

Der Seele lieblich Leben wird verliehen!
Wie holde Harmonieen
Erregtet ihr, o süße Küss' und Reden,
Könntet zugleich ihr beiden
Die beiden Süßigkeiten in euch tragen,
Die Reden küssen, und die Küsse sagen!

VIII.

Versagt mir nur, o Spröde,
Der schönen Augen Sonne,
Versagt mir eurer Engelsworte Wonne,
Versagt mir Mitleid, Hülfe, Trost zu geben,
Versagt mir auch das Leben:
Nur scheut euch, zuzusagen,
Was ihr mir wollt versagen.

IX.

Ihr heißt mich, ach! vergebens,
Vor eurem Ohr, schöne Sirene, singen:
Ihr seid ja taub, ich stumm: wie soll's gelingen?
Der Zauber eurer Klänge
Nahm mir die Stimm', und bloß im Herzen tönen
Mir Harmonie'n vom Klagen und vom Stöhnen.
Und wenn euch eure Strenge
Den Laut entzieht, blickt auf mein Weinen nieder,
Denn meine Thränen sind jetzt meine Lieder.

X.

Ein Bogen ist mein Leben,
Der Pfeil die That, die Sehne mein Gedanke,

Ich bin der Schütz, Ruhm ist des Zieles Schranke.
Was mir von Kraft und Muth zum Loose fiel,
Sei aufgewandt, und treff' ich nicht das Ziel,
So hab' ich unverschuldet
Nur widrig Glück erduldet.
Den Bogen wag' ich, sicher zielt die Hand,
Vom Fittig bis zum Eisen wird gespannt.

XI.

Als kleine Welt erscheinet
Der Mann, doch groß, wenn er das Weib gewonnen,
Weil für einander sie Natur ersonnen.
Im Manne wird gepfleget
Was nur die Welt vergänglich, sterblich heget;
Im Weibe hat das Ew'ge seine Stelle:
Im Antlitz Paradies, im Herzen Hölle.

XII.

'Ja' sprachst du, und ich sandte
Dieß wundersüße Ja hinab zum Herzen,
Das alsobald entbrannte
Im schönsten Feuer der verliebten Schmerzen,
Wie dieser Zunder nur es konnt' erregen.
Nun es dich reut, wird Reu' auch hier gefühlet,
Ein Ja hat mich entflammt, ein Nein gekühlet.

XIII.

Dieß unser sterblich Leben,
So glänzend, ist ein Federchen am Winde,

Der es entführt, daß es im Wink verschwinde.
Und wenn es, in verwegnen Kreißen fliegend,
Zuweilen sich erhebet,
Und in den Lüften schwebet,
Wie auf den eignen Schwingen frei sich wiegend:
So kommt dieß, weil es leicht ist von Natur,
Doch wenig dauert's nur,
Und muß nach tausendfält'gem Schwung und Wallen,
Wie es von Erden ist, zur Erde fallen.

Aus dem Spanischen.

Romanzen.

I.
Erzürnte Liebe.

Durandarte, Durandarte!
Wackrer, wohlgeprüfter Ritter!
Sieh, ich bitte, laß uns reden
Von den ehemal'gen Zeiten.
Sag mir, ob du dich erinnerst,
Wie du einst mir Liebe trugest,
Wie im Schmuck und Waffenzeichen
Du dein Sehnen offenbartest,
Und zu meinem Wohlbehagen
Aus dem Feld die Mohren schlugest. —
Aber nun, du Undankbarer,
Sag, warum du mich vergeßen?

„Worte können lieblich schmeicheln,
„Wie es euch gefällt, Señora;
„Hab' ich meine Treu gewechselt,
„O so habt ihr's selbst verschuldet,
„Denn ihr liebtet den Gayferos,
„Als ich Landes war verwiesen.
„Wollt ihr Liebe mit mir hegen,
„So ist euer Denken irrig;
„Eher, als die Schmach erdulden
„Will ich in Verzweiflung sterben!"

．   ．

II.

Die verlorne Unschuld.

Ich war Mohrin Moraïna,
Mohrenmägdlein, schöngestalt.
Kam ein Christ vor unsrer Thüre,
Ach ich Arme, mich zu trügen;
Und er rief mich auf Arabisch,
Weil er's wohl zu reden wußte:
'Oeffne mir die Thüren, Mohrin!
'So dich Allah mag beschützen!'
„Und wie soll ich Arme öffnen?
„Weiß ich ja nicht, wer du bist.“
'Sieh, ich bin der Mohr Mazote,
'Deiner Mutter Bruder bin ich.
'Hab 'nen Christen todtgeschlagen,
'Hinter mir kommt der Alkalde:
'Machst du mir nicht auf, mein Leben,
'Wirst mich hier erschlagen sehn.' —
Als ich Arme das vernommen,
Da begann ich aufzustehn;
Warf mir um das Zindelhemde,
Thät vor Eil nicht an mein Röckchen,
Und so kam ich vor die Thüre,
Schloß sie angelweit ihm auf.

III.

Aus dem Gefängniß.

Ach, im Maien war's, im Maien,
In der großen Hitze Tagen,
Wann die Liebenden umhergehn,
Dienst den Lieben anzutragen;
Nur ich armer Unglückfel'ger
Muß hier im Gefängniß zagen!
Wann es Nacht ward, wußt' ich nimmer,
Noch wann es begann zu tagen,
Hätte nicht ein kleines Vöglein
Mir um's Morgenroth geschlagen.
Nun erschoß es mir ein Schütze:
Den will ich vor Gott verklagen!

Aus der Celestina.

Lucretia und Meliböa.

Bäume, wo wir Kühlung saugen,
Neiget euch, wenn ihr sie sehet,
Jene so holdsel'gen Augen
Des, nach dem ihr schmachtend wehet.
Sterne, die ihr leuchtend gehet,
Bote du der Morgensonne,
Weckt doch, von mir angeflehet,
Wenn sie schlummert, meine Wonne.

Meliböa.

Papagaien, Nachtigallen,
Deren frühe Kehlen sangen,
Meinem Liebsten sagt vor allen,
Wie ich wart', ihn zu empfangen.
Halb ist schon die Nacht vergangen,
　　Und er weilet.
Späht, ob ihn ein neu Verlangen
　　Mit mir theilet.

Montemayor.

Aus der Diana.

Abschied Sirenos und Dianens.*)

Unter auserles'nen Schatten
Eines grünen Bordes hin,
Wo ein sorgenfreier Sinn,
Wie es Zeit und Ort gestatten,
Fände mancher Lust Gewinn:
Trieb Sireno seine Herde,
Ein betrübter Hirt, im Herzen
So gequält von wahren Schmerzen,
Wie nur Spiel ist die Beschwerde
Derer, die mit Liebe scherzen.

Dieser wollt' um Lieb' erbleichen,
Die er lang' Dianen schwur,

---

*) Dieß Gedicht ist im Original überschrieben Canto de Ninfa. Die schöne Dorida singt es in Gegenwart andrer Schäferinnen, und des Sireno, der, bei seiner Zurückkunft in die Gegend, Dianen ungetreu und einem Andern vermählt gefunden hat. In dem ganzen Roman sind wirkliche Vorfälle unter schäferlichen Sitten geschildert. Sireno ist ohne Zweifel der Dichter selbst, und „der große Hirt," der König, in dessen Diensten er außer Landes gehen mußte.

Einer Hirtin jener Flur,
Der an Schönheit mußte weichen
Alle menschliche Natur.
Was ein Wesen kann erhöhn,
War an ihr vollkommner Weise,
Denn ihr diente nicht zum Preise,
Klug zu heißen, als nicht schön,
Oder schön als minder weise.

Und er warb nicht ohne Huld;
Denn gezwungen sie zu meiden,
Hätt' er wohl, gewohnt der Leiden,
Mehr ertragen in Geduld
Die Entfernung nach dem Scheiden.
Denn dem Herzen, ungeübet,
Leid zu dulden, oder Plagen,
Wo nicht Weisheit hemmt die Klagen,
Von der kleinsten Noth getrübet
Will ihm aller Muth versagen.

Einen vollen Strom entlang,
Der den Namen Ezla führet,
Wo nach Klee die Herde spüret,
Wandelte der Schäfer bang,
Von der Trennung tief gerühret.
Seine Schäferin zu sehen
Wartet er voll Kummer schon,
Die, indes die Stunden flohn,
Weidend ließ die Herde gehen
In den Bergen von Leon.

Während sie noch außen bliebe,
Stand der traur'ge Hirt und sann,

Und der Tag erschien ihm dann,
Wo vom falschen Gott der Liebe
Er die erste Lust gewann.
Und er sprach, sich so nun sehend,
Was die Liebe mir gewähret,
War ein Gut, das sich verkehret,
Weil das Uebel, draus entstehend,
Doppelt mich hernach beschweret.

Da die Sonne schon sich wandte,
Konnt' ihr Feuer ihn nicht mühen;
Doch, was Liebe läßet glühen,
Und worin sein Herze brannte,
Mußte hell're Flammen sprühen.
Wie ihn seine Regung leitet,
Da sein Weh die Bäume theilen,
Und der Fluß sich will verweilen,
Von der Nachtigall begleitet,
Sagt er diese Liederzeilen:

Einen Abschied nennt das Scheiden
Wer nicht kennt ein liebend Herz,
Doch ich nenn' es einen Schmerz,
Der nur endigt im Verscheiden.

Gebe Gott, ob es mir glücke,
Daß mein Leben sich erhält
Bis ich da mich eingestellt,
Wo das Herz mir bleibt zurücke;
Denn gedenk' ich an das Scheiden,
So verzaget ganz mein Herz,

Daß von dem gewalt'gen Schmerz
Bald das Leben muß verscheiden.

Dieses ward von ihm gesungen,
Und die Saiten auch geschlagen,
So von aller Luft verdrungen,
Daß das Weinen oft verschlungen
Was Sireno wollte sagen.
Und so stark war sein Verlangen,
Wenn der Ton, gehemmt vom Schmerz
Stumm blieb bei der Saiten Erz,
Was die Lippen angefangen,
Das vollendete das Herz.

Als er den Gesang geendet,
Sah er schön Dianen kommen,
Daß die Wiesen, eingenommen,
Wo ihr Auge hin sich wendet,
In erneuten Farben glommen.
Ihr Gesicht wie eine Blume,
Und so traurig, daß im Streit
Bleiben muß, wer sie geweiht
Mehr zu einem Eigenthume,
Schönheit oder Traurigkeit.

Seufzend zu viel tausendmalen
Senkte sie die Augenlieder,
Und erhob sie trostlos wieder,
Als ob mit der Blicke Strahlen
Sie den Himmel zöge nieder.
Sagte dann mit bangerm Triebe
Als es Worte offenbaren:
Muß das Glück so schlimm sich paaren,

O so magst du künftig, Liebe,
Deine Lust für dich bewahren!

Was die Ursach ihrer Klagen,
Hielt sie nicht in sich verschloßen.
Ob sie Thränen da vergoßen,
Möget ihr die Augen fragen,
Die Sirenos Brust durchschoßen.
Wie die Lieb' ihr dient zum Preise,
Birgt sie nicht den theuren Hang.
Ob sie mit Beklemmung rang,
Mögt ihr fragen diese Weise,
Welche sie mit Thränen sang.

Grausam willst du, Lieb', allein
An der Gegenwart mich weiden,
Darum, daß der Trennung Leiden
Um so härter möge sein.

Du giebst Labung, du giebst Ruhe,
Nicht um Heil uns zu bereiten,
Nein, damit in manchen Zeiten
Man der Duldung ab sich thue.
Seht der Liebe Tücken ein!
An der Gegenwart mich weiden,
Daß ich Trennung müß' erleiden,
Ohne Zuflucht meiner Pein.

Als Diana hingekommen,
Wo ihr Liebster sich ihr zeigt,
Will sie reden, doch sie schweigt;
Auch dem Armen ist's benommen,

Da er sich zum Reden neigt.
Was zu sagen sie sich schicken,
Wollen ihre Augen zeigen,
Sagend, was sie noch verschweigen,
Mit den linden Liebes-Blicken
Ihnen zu Gesprächen eigen.

Unter eine blühnde Myrte
Setzten sich die zwei Bedrückten,
Die einander so entrückten,
Daß ihr Sinn sich ganz verwirrte,
Wie sie sich die Hände drückten.
Denn die Lust, sich zu betrachten,
Und die Furcht, sich bald zu mißen,
Hatte so sie hingerißen,
Daß sie nur vergeblich trachten,
Und kein Wort zu sagen wißen.

Oft schon mußten sie sich finden,
Diesem grünen Borde nah;
Doch auf andre Weise da
Feierten sie solch Verbinden,
Als dieß letztemal geschah.
Wundersames Thun der Herzen!
Zwei zu sehen, die sich lieben
Mit Gemüth und allen Trieben,
Und sich sehn mit größern Schmerzen,
Als wenn sie allein geblieben.

Der Entfernung harte Pflicht
Muß Sireno nahe glauben:

Die Geduld will sie ihm rauben,
Und zu reden wollen nicht
Seine Thränen ihm erlauben.
Er blickt auf die Hirtin her,
Seine Hirtin blickt auf ihn;
Und mit bitterm Schmerze schien
Er zu reden, doch nicht er,
Denn es red't der Schmerz für ihn.

Ach Diana! wer wohl dächte,
Wenn ich mich in Sorgen quäle,
Die ich nimmer meß' und zähle,
Daß die Stunde, die dich brächte,
Ruh nicht schaffte meiner Seele.
Gab es jemals Tag' und Zeiten,
Wo mir, Herrin meiner Brust,
Irgend etwas war bewußt,
Was mir könnte Gram bereiten,
Mehr als deine Nähe Lust?

Wer wohl dächte, wenn so lange
Deine Augen nach mir sähen,
Daß noch könnte widerstehen
Aller Gram vom härtsten Drange,
Welcher möcht' an mir ergehen?
Herrin, sieh, ob mein Geschicke
Einen guten Weg gegangen!
Tödtlich war mir das Verlangen
Ehedem nach deinem Blicke,
Tödtlich nun, ihn zu erlangen.

Und nicht aus geschwächtem Lieben:
Fester ist auf keins zu bauen.
Nein, ich kam sonst, dich zu schauen;
Und, zum Abschied hergetrieben,
Komm' ich nun zu diesen Auen.
Heut wollt' ich, dich nicht zu sehen,
Hab' ich schon kein andres Leben,
Die besiegte Seele geben,
Daß ich vor der Trennung Wehen
Nur so bald nicht dürfte beben.

Hirtin, wolle mir erlauben,
Daß ich sag', in gleichem Grade
Fühlst du Gram, den ich entlade;
Ist es Wunder, daß zum Glauben
Deine Gegenwart mich lade?
Wenn, Diana, dem so ist,
Sag, wie kann ich dich verlaßen?
Oder du mich gehen laßen?
Oder ich, ohn' alle Frist,
Den Entschluß zum Abschied faßen?

Ach Geliebte! Himmel, ach!
Wie gar keinen Grund hab' ich,
Um zu klagen über dich!
Und du findest Grund hernach
Täglich, zu vergeßen mich.
Du vertreibst mich nicht von hinnen,
Dieses sag' ich grad' und schlicht,
Minder meiner Treue Pflicht,
Und, wenn ich mich will besinnen,
Wer es thut, ich weiß es nicht.

Ganz in Thränen hingeschwommen,
Oft von Seufzen unterbrochen,
Ward vom Schäfer dieß gesprochen,
Was ihr eben habt vernommen,
Und wobei ihr Herz gebrochen.
Zu antworten strebt sie jetzt,
Tausendmal will sie beginnen,
Hält dann vor Betrübniß innen,
Und die Liebe muß zuletzt
Auf die Antwort für sie sinnen.

Mehr zu sagen, als ich wollte,
O Sireno, kam die Stunde:
Denn verräth sich schon die Wunde,
Möcht' ich, Schäfer, doch, und sollte
Sie verschweigen mit dem Munde.
Aber ach! so muß ich Arme
Nun erst mein Geheimniß sagen,
Da es nicht mehr hilft zu klagen,
Noch mich zu befrein vom Harme,
Noch die Reise zu vertagen.

Warum gehst du so, mein Hirt?
Willst mich so verlaßen hier?
Wo die Zeit, des Ortes Zier,
Nur der Mahnung dienen wird
An die Lust der Liebe mir?
Was empfind' ich, wann die Schritte
In dieß holde Thal mich leiten,
Wann ich sag': in guten Zeiten
Saß ich hier nach unsrer Sitte,
Mein Sireno mir zur Seiten.

Denk', ob ich es traurig fände,
Dich nicht sehn, und diese Auen
So geschmückt von Bäumen schauen,
Deren Rinde deine Hände
Meinen Namen anvertrauen;
Und was schärfer könnte nagen,
Als den Ort, wo ich dich fand,
Sehn in so verlaßnem Stand
Wo du mir mit großem Zagen
Deine Pein zuerst bekannt?

Wenn sich dieses harte Herz
Bis zu Thränen kann erweichen,
Wie erweicht sich's nicht ingleichen,
Einzusehn den wilden Scherz,
Den du treibst, mir zu entweichen.
O mein Schäfer, nicht geweint!
Denn es hilft nicht, Thränen spenden;
Und der muß sein Herz verblenden,
Der um Schmerz zu weinen scheint,
Und das Mittel hat in Händen.

Doch vergieb, Sireno, mir,
Kränkt' ich dich, ohn' es zu wißen.
Laß mich dein Gespräch nicht mißen!
In dem holden Thale hier
Bleib' ich sonst, mir selbst entrißen;
Auch zum Scherz kann mir's nicht taugen,
Fern von dir zu denken mich.
Geh nicht von mir! Willst du? Sprich!
Laß nicht weinen diese Augen,
Womit ich geblickt auf dich.

Wieder sprach der Hirt ihr zu:
Billig jeder Vorwurf schien',
Wenn ich selber wollte fliehn;
Doch mich bleiben heißest du,
Und mein Schicksal heißt mich ziehn.
Sehend deine holden Blicke
Fühl' ich, Herrin, ungezwungen
Dir zu folgen mich gedrungen,
Armer! der ich dem Geschicke
Zu gehorchen bin gezwungen.

Ja, gezwungen ist mein Scheiden,
Aber nicht durch meine Schuld.
Gern' das Härtste wollt' ich leiden,
Dich zu sehn auf diesen Weiden,
Wo mir schwindet alle Huld.
Nur mein Herr, der große Hirt,
Ist es, der mich heißet gehn,
Welchen bald ich möge sehn
Von der Liebe so verwirrt,
Wie ich's fühl' an mir geschehn.

Wollte Gott, es stünd' in meinen
Händen, um dir nachzugeben,
Meinen Abschied aufzuheben,
Wie du, Herrin, in den deinen
Mein Tod hast und mein Leben.
Aber glaub', es ist vergebens,
Selber muß ich mir's verkünden,
Eine Hoffnung noch zu gründen,
Daß die Freuden meines Lebens
Je in meinen Händen stünden.

Meinem Hirt und Herden zwar
Könnt' ich leichtlich thun Verzicht,
Suchen andrer Herren Pflicht;
Doch, nehm' ich das Ende wahr,
Ziemt es unsrer Liebe nicht.
Denn verlaß' ich diese Herde,
Und nehm' eine andre an:
Sag, wie schaff' ich dann mir Bahn,
Ohne daß dir's Unheil werde,
Diesem grünen Bord zu nahn?

Hält mich dieses mächt'ge Feuer
Hier zurück, so wird's errathen,
Daß dir meine Wünsche nahten;
Meine Lust kauf' ich zu theuer,
Muß ich deinen Ruf verrathen.
Wenn man sagt, daß ich im Werben
Allzu glücklich bei dir bin,
Und verdammet dich darin:
O wie würd' es mich verderben!
Und wie brächt' es dir Gewinn?

Hierauf sprach die Schäferin,
Ganz von Schmerzen übermannt,
Mich zu laßen, Hirt, wie fand
Weise Gründe nur dein Sinn,
Die der Liebe unbekannt?
Uebles Zeichen muß ich's nennen:
Wer, so hört' ich immer sagen,
Gegenwärtig vorzutragen
Gründe weiß, um sich zu trennen,
Wird die Trennung leicht ertragen.

Ach ich Arme! du gehst fort,
Und ich weiß nicht, was aus mir
Werden wird, noch was aus dir,
Noch ob du gedenkest dort,
Daß wir uns gesehen hier.
Noch auch weiß ich, ob vielleicht
Ich Betrug zum Lohn erfahre,
Da den Schmerz ich offenbare;
Doch, was mir zum Gram gereicht,
Halt' ich immer für das Wahre.

Was kann dir die Wehmuth taugen?
Schäfer, geh zu Schiffe! geh!
Flüchtig eile durch die See,
Wie ich der aus meinen Augen
Dich so leicht entkommen seh'.
Mag dich Gott vor Stürmen schützen,
Mein Sireno, süßer Freund!
Und das Glück, nicht mehr dir feind,
Redlicher dich unterstützen,
Als du es mit mir gemeint.

Da mein Auge soll entbehren
Was ihm Wonne konnte bringen,
Fühl' ich mich im Tode ringen,
Während mir die Thränen wehren
Meine Rede zu vollbringen.
Eh sich diese Augen schließen,
Jüngling, will zu Gott ich flehen,
Daß sie einmal noch dich sehen.
Kannst du schon ihr Weh beschließen,
Wünschen sie dein Wohlergehen.

Meine Herrin, sprach er drauf:
Unglück kommt niemals allein:
Mag es noch so tödtlich sein,
Stets, begleitend seinen Lauf,
Stellt sich noch ein größres ein.
Deinen Anblick und mein Leben
Bald getrennt zu müßen meiden,
Ist kein solch unendlich Leiden,
Als dem Jammer hingegeben
Dich zu sehn bei unserm Scheiden.

Könnt' ich diese je vergeßen,
Augen, wo ich schaute mich,
Sei von Gott vergeßen ich;
Oder heg' ich sonst indeßen
Andre Bilder, als nur dich.
Und wenn fremder Schönheit Blicke
Reizung je in mir erregen,
Einer frohen Stunde wegen
Möge mir mein Mißgeschicke
Tausend Jahr der Qual auflegen.

Und vertausch' ich meine Treue
Jemals gegen neue Bande,
Dann alsbald vom höchsten Stande
Stürze mich des Glückes Reue
In Verzweifelung und Schande.
Mahne nicht ans Wiederkommen,
Liebe süße Herrin mein!
Allzu unwerth wär' ich dein,
Könnte mir das Leben frommen
Ohne dir gesellt zu sein.

Mein Sireno, sprach sie wieder,
Wenn ich dich vergäß' einmal,
Werd' in diesem holden Thal,
Wo den Fuß ich setze nieder,
Grüner Rasen dürr und fahl.
Sollt' ich die Gedanken lenken
Je nach einer andern Seite,
Bitt' ich Gott, daß er bereite,
Wenn ich will die Schafe tränken,
Daß der Fluß mir trocken gleite.

Nimm von Haaren diese Flechte,
Die ich wand, weil mir geschienen,
Dir zum Zeichen könnt' es dienen,
Daß du nahmst Besitzes Rechte
Von dem Herzen und von ihnen.
Diesen Ring auch biet' ich dar,
Woran zwei verschlungne Hände
Zeigen, ob das Leben ende,
Daß vereinter Seelen Paar
Nie einander ab sich wende.

Dir zu laßen, sprach der Hirt,
Hab' ich, außer meinem Stabe,
Nur der werthen Laute Gabe,
Welche spielend ich geirrt
Oft auf diesen Wiesen habe.
Tausend Lieder ließ ich dir,
Meine Hirtin, auf ihr tönen;
Pries den Ausbund alles Schönen,
Und wie ich sie fühlt' in mir,
Haucht' ich Lieb' in süßem Stöhnen.

Nun umarmten sie sich beide;
Dieses war ihr erstes Mal,
Und ich denk', ihr letztes Mal,
Weil die Zeit die Liebes-Eide
Anders lenkt als eigne Wahl.
Fühlte tödtlich grimm'gen Schmerz
Schon Diana, so zu wißen
Ihren Jüngling sich entrißen,
So war doch seitdem ihr Herz
Auf die Heilung selbst beflißen.

Cervantes.

Aus dem Persiles.

I.

Gruß des Pilgers.

O große, o gewalt'ge, o vor allen
　　Hochheil'ge Stadt! Rom! sieh vor dir sich neigen
　　Den Pilger-Fremdling, andachtsvoll dein eigen,
　　Demüthig in erstauntem Wohlgefallen.

Dein Anblick, über deines Ruhms Erschallen,
　　Verwirrt den Geist, wie hoch er möge steigen,
　　Wenn wir mit nackten Sohlen, inn'gem Schweigen,
　　Dich anzuschaun, dich anzubeten, wallen.

Die ich betrachte, deines Bodens Erde,
　　Ist, von dem Blut der Märtyrer bethauet,
　　Gesammt-Reliquie aller Erdgefilde.

Nichts ist in dir, was nicht Exempel werde
　　Der Heiligkeit, als die du bist erbauet
　　Nach der Stadt Gottes großem Musterbilde.

II.
Auf die Jungfrau Maria.

Eh aus dem ew'gen Geiste noch entsprungen
Die leichtbeflügelten Intelligenzen,
Eh schnell und langsam sich die Sphären schwungen
Nach der Bewegung Maß und sichern Gränzen,
Und eh die alte Finsterniß, durchdrungen,
Der Sonne Haupthaar sah vergoldet glänzen:
Da hat ihm selber Gott ein Haus errichtet,
Aus heiligstem und reinstem Stoff verdichtet.

Die hohe Gründung, stark um nie zu beben,
Sie ruht, gestützt auf tiefer Demuth Proben,
Und je mehr ganz der Demuth hingegeben,
So königlicher wird der Bau erhoben.
Es übersteiget Land und Meer sein Streben,
Dahinten bleibt der Winde niedres Toben,
Das Feu'r dahinten, und ihm muß gelingen
Tief unter seinen Fuß den Mond zu bringen.

Der Segens=Wohnung Pfeiler, ihre Mauern,
Glaub' ist's und Hoffnung, welche sie erschufen.
Die Lieb' umgiebt sie, die zu stetem Dauern,
Wie Gott allzeit unendlich, ist berufen.
Nie wandelt Mäßigung die Lust in Trauern,
Vor ihrer Weisheit ebnen sich die Stufen
Zum Gut, das sie erfreun soll, für die Werke
Ihrer Gerechtigkeit und tapfern Stärke.

Den hohen Pallast zieren tiefe Graben,
Brunnquellen, nie versiegend ausgegoßen,
Verschloßne Gärten, so die Völker laben
Mit süßer Frucht, zu Wonn' und Heil genoßen.
Zur Linken und zur Rechten stehn erhaben
Cypressen, stehn der Palmen edle Sproßen,
Erhabne Cedern, gleich den hellsten Spiegeln,
Die nah und fern der Gnade Licht entsiegeln.

In seinen Gärten stehet man den Zimmet,
Platanen, und die Rose Sarons blühen,
Die mit der Farbe, ja noch schöner glimmet,
Wie die entbrannten Cherubinen glühen.
Kein Schatte düstrer Sündennacht umschwimmet
Je seinen Kreiß mit feindlichem Bemühen.
Nur Licht, nur Glorie, Himmel nur, erfüllet
Den Bau, der sich der Erde heut enthüllet.

Der Tempel Salomons will heut sich weisen,
Vollkommen selbst vor Gottes Blick erfunden,
Woran kein Schlag geschah, kein zimmernd Eisen
Des Werkes Theile fugend erst verbunden.
Die Sonne, die wir unzugänglich preisen,
Hat offenbarend heut ihr Licht entbunden;
Heut hat dem Tage neuen Glanz verliehen
Das leuchtendste Gestirne von Marien.

Der Stern giebt seinen Schein heut vor der Sonnen;
Ein wundervolles, doch so gutes Zeichen,
Daß es die Seel' erfüllt mit Freud' und Wonnen,
Nicht ahndend vor der Deutung läßt erbleichen.

Die Demuth hat den Gipfel heut gewonnen,
Heut muß, zuerst gesprengt, die Kette weichen
Der alten Schuld; und jene kluge Esther
Tritt in die Welt, der Sonne schön're Schwester.

Mägdlein des Herrn, zu unserm Heil erwählet,
Zart, doch so stark, daß du mit furchtbarm Krachen
Die Stirn, in frecher Mißethat gestählet,
Zerknirschet hast dem grimmen Höllendrachen.
Kleinod des Herrn, das unsern Tod beseelet,
Da du allein, vermittelnd unsre Sachen,
Zurückgeführt zu neuer Friedensweihung
Mit Gott des Menschen tödtliche Entzweiung.

Gerechtigkeit und Gnade sind verbündet
In dir, o reinste Jungfrau! und sie haben
Durch ihren süßen Friedenkuß verkündet
Den nahen Herbst, das Füllhorn aller Gaben.
Des Aufgangs, der die heil'ge Sonn' entzündet,
Aurora, kommst du jeden Blick zu laben;
Des Frommen Jubel und des Sünders Hoffen,
Zeigst du nach Sturm und Nacht den Himmel offen.

Du bist die Taube, droben her gesendet
Von Anbeginn, bist die als Braut geschmückte,
Die reines Fleisch dem ew'gen Wort gespendet,
Kraft dessen Adams Schuld nun die beglückte.
Du bist der Arm des Herrn, der abgewendet
Das strenge Messer, welches Abram zückte,
Und uns zu des wahrhaften Opfers Flamme
Begabet hat mit dem unschuld'gen Lamme:

Gedeih' und bringe zeitig, ſchöne Pflanze,
Die Frucht, ſo das Gemüth mit Hoffnung weidet,
Zu tauſchen jene Trau'r mit Feierglanze,
Die ſeit dem großen Fall es gleich umkleidet.
Der unermeßliche Tribut für's Ganze,
Der deſſen Löſung, einzig ächt, entſcheidet,
Wird ausgeprägt in dir: ja, göttlich Weſen,
Du biſt zur Weltherſtellerin erleſen.

Aus den hochheil'gen Empyreer-Hallen
Will der beſchwingte Paranymph ſchon eilen;
Er läßt die goldnen Fitt'ge leiſe wallen,
Die fittſame Geſandtſchaft zu ertheilen.
Gebenedeite Jungfrau du vor allen!
Der Duft der Tugend, den du hauchſt, mit Seilen
Der Liebe zieht er Gottes mächtig Walten,
Daß es in dir ſein Höchſtes mög' entfalten.

III.

Die Sündflut.

Der Streng' unüberwindlicher Gewalten
    Entflieht, gewarnt, und schließt sich in die Arche
    Der damals allgemeine Weltmonarche,
    Des Menschenstammes Reste zu erhalten.

Freistatt eröffnet vor der Parce Schalten
    Und königlich Asyl der Patriarche,
    Wie sie auch grimmig und vernichtend schnarche
    Auf alle lebend athmenden Gestalten.

Man sieht nun in dem holden Bau verschloßen
    Den Löwen und das Lamm; des Friedens freuet
    Beim wilden Falken sich die Taub' indeßen.

Doch macht kein Wunder Zwietracht zu Genoßen:
    Weil, wo Gefahr und Noth gemeinsam dräuet,
    Natürliche Geneigtheit wird vergeßen.

Aus der Galatea.

I.

Galatea.

Weg mit dem Feu'r, dem Pfeil, dem Frost, der Schlinge
 Amors, der brennt, trifft, kältet und verstricket;
 Nicht solcher Flamme mein Gemüth sich schicket,
 Nicht solche Bande lähmen ihm die Schwinge.

Er zehr', erleg', erstarre, fessle, zwinge
 Den Willen, der auf seine Winke blicket,
 Nur daß Pfeil, Schnee und Netz, was er auch schicket,
 Den mein'gen nicht mit seiner Glut durchdringe.

Mein keuscher Vorsatz soll sein Feuer schwächen,
 Den Knoten soll Stärk' oder Kunst zerreißen,
 Mein heißer Eifer soll den Schnee zerstreuen,

Des Pfeiles Spitze mein Gedanke brechen:
 So werd' ich den Gefahren mich entreißen,
 Und Amors Brand, Pfeil, Schling' und Frost nicht scheuen.

II.

Damon.

Wofern das Meer, mit grimm'ger Wuth bewehret,
 In seinen Stürmen könnte lang bestehen,
 So wär wohl' Jedem, den empörten Seen
 Sein schwaches Schifflein zu vertraun, gewehret.

Nicht allezeit in gleichem Stande währet
 Gut oder Uebel, beides muß vergehen:
 Denn flöh' das Gut, und blieb' das Uebel stehen,
 So wär' die Welt zum Chaos schon verkehret.

Die Hitze kommt dem Frost, die Nacht dem Tage,
 Der Frucht die Blüthe wieder nachgewandelt,
 Aus Gegensätzen bildend gleich Gewebe.

In Herrschaft wird die Niedrigkeit, die Plage
 In frohe Lust, der Ruhm in Wind verwandelt,
 Daß so Natur im Wechsel schöner lebe.

III.

Gelasia.

Wer ließe wohl, wo seine Herden grasen,
　　Die frischen Kräuter und die frischen Quellen?
　　Wer mit behendem Jagdgeschoß zu fällen
　　Den borst'gen Eber oder leichten Hasen?

Wer wird nicht, gern den süßen Lockton blasen,
　　Den unerfahrnen Vögeln nachzustellen?
　　Wer miede, wenn des Mittags Gluten schwellen,
　　Die Ruh im Walde wohl auf weichem Rasen?

Um nachzugehn dem Brand, der Qual, dem Bangen,
　　Der Eifersucht, den peinigenden Nesseln
　　Der falschen Lieb' in ihrem wüsten Treiben?

Die Flur ist und war immer mein Verlangen,
　　Rosen sind und Jasminen meine Feßeln,
　　Frei kam ich auf die Welt, frei will ich bleiben.

Die Schalkhafte.

(Aus der Novelle: Der eifersüchtige Estremadurer.)

Mutter mein, o Mutter!
Hüter stellet ihr:
Hüt' ich mich nicht selber,
Wehrt kein Hüten mir.

Steht es nicht geschrieben,
Und ein wahres Wort,
Daß wir immerfort
Das Verbotne lieben?
Zwang dient nur den Trieben,
Mehr sie aufzuwiegeln;
Drum mich zu verriegeln
Thut nicht weislich ihr.
Hüt' ich mich nicht selber,
Wehrt kein Hüten mir.

Mag der Wille nicht
Sich für sich bewachen,
Sind nur schlechte Wachen
Scheu ihm oder Pflicht.
Ja fürwahr, er bricht
Durch des Todes Schranken,
Mit was für Gedanken,
Nie errathet's ihr.

Hüt' ich mich nicht selber,
Wehrt kein Hüten mir.

Sehnet sich ein Herze
Nach verliebtem Glücke,
Geht es wie die Mücke
Nach der Liebeskerze.
Ihm sind nur zum Scherze
Aller Hüter Scharen,
Noch so sehr bewahren
Mag man es, wie ihr.
Hüt' ich mich nicht selber,
Wehrt kein Hüten mir.

Nichts ist allzutheuer,
Wo die Liebe handelt,
Und die Schönste wandelt
Sie zum Ungeheuer.
Einen Sinn von Feuer,
Eine Brust von Wachs,
Füß' und Händ' aus Flachs,
Schafft sie heimlich ihr:
Hüt' ich mich nicht selber,
Wehrt kein Hüten mir.

Zigeunerliedchen.

(Aus der Novelle: Das Zigeunermädchen.)

Beschwörung gegen das Kopfweh.

Köpfchen kleine! Köpfchen kleine!
Mußt dich halten, mußt nicht schwindeln,
Und dich wickeln, wie in Windeln,
In Geduld mit heil'gem Scheine.
Glaub an meine
Gut und feine
Wörterleine,
Ohne Wanken
Zu nichtsnutzigen Gedanken,
Und wirst sehen
Wunderding' an dir geschehen,
Gott gepriesen
Und Sankt Christophel den Riesen.

Aus dem Don Quixote.

I.

Sonett.

Du, der du nachgeahmt mein jammernd Leben,
　　Dem ich mich einst, abwesend und gekränket,
　　Aus frohem Stand in Buße tief versenket,
　　Dort auf dem Armut=Felsen hingegeben:

Du, den die Augen, bei dem bangen Streben,
　　Mit reichlichem, doch salz'gem Naß getränket,
　　Dem Erd' auf Erde magre Kost geschenket,
　　Derweil dich Silber, Kupfer, Zinn, erheben:

Leb' im Vertrau'n, es werd' auf ew'ge Zeiten
　　So lang im mindsten in der vierten Sphäre
　　Der blond' Apollo mag die Rosse treiben,

Dein Name seinen Heldenruhm verbreiten,
　　Dein Vaterland genießen höchster Ehre,
　　Dein weiser Thatenschreiber einzig bleiben.

II.

Gespräch zwischen Babieça und Rocinante.

B. Wie seid ihr, Rocinante, schmal gemeßen!

R.   Man frißt ja nichts, und muß sich immer plagen.

B.   Wie steht's mit Hafer und des Strohes Lagen?

R.   Nicht einen Bißen läßt mein Herr mich eßen.

B. Ei, Freund, ihr seid unartig und vermeßen,
    Mit Eselszunge nach dem Herrn zu schlagen.

R.   Er bleibt ein Esel, war's seit jungen Tagen;
    Er ist verliebt, nun könnt ihr selbst ermeßen.

B. Ist Lieben Thorheit? R. Doch gewiß nicht weise.

B.   Ihr seid ein Philosoph. R. Das kommt vom Fasten.

B.   Beklagt euch denn bei eures Ritters Knappen.

R. Was hilft mir's, daß ich meine Noth beweise,
    Wenn Herr und Diener unter gleichen Lasten
    In die Rappuse gehn mit ihrem Rappen.

III.

Aus dem Liede des Cardenio.

Was kann lindern meine Noth?
　　Nur der Tod.
Und was schafft der Liebe Gut?
　　Wankelmuth.
Was macht ihrer Uebel frei?
　　Raserei.
So seh' ich, nicht weise sei
Meine Neigung wollen heilen,
Da nur Hülfe kann ertheilen
　　Tod, Wankelmuth, Raserei.

Morayzela,

Sultanin von Granada.

Eine mohrische Erzählung.

Nur wenige Jahre vor dem gänzlichen Fall des mohrischen Königreichs Granada, hatte eine Partei mißvergnüg=
ter Großen, noch bei Lebzeiten des alten Königs Muley
Haſſan, seinen Sohn Abu Abdallah auf den Thron geſetzt.
Sei es nun, daß jener durch perſönliche Verunglimpfungen
sich Feinde gemacht hatte, oder daß wirklich die Lage des
Reichs, welches unaufhörlich von den chriſtlichen Königen
Spaniens bedroht ward, mehr jugendliche Entſchloßenheit
von seinem Oberhaupte forderte, als er beſaß; oder daß
man auch aus bloßem Wankelmuth den Glanz der Krone
durch Veränderung der Perſonen erneuert zu ſehen verlangte:
in jedem Falle konnte sich Muley Haſſan glücklich ſchätzen,
zugleich mit seiner Macht nicht auch sein Leben eingebüßt zu
haben. Dergleichen Staatsveränderungen waren in Granada
nichts Seltenes: unter den Fürſten, die seit dritthalbhundert
Jahren daselbſt regiert hatten, waren die wenigſten zu einem
ruhigen Ende ihrer Laufbahn gelangt. Mit den Tücken der
Knechtſchaft, wovor die unumſchränkten Herrſcher im Morgenlande so oft erzittern müßen, vereinigte sich hier der in
Europa allgemeine unruhige Geiſt der Unabhängigkeit mäch=
tiger Vaſallen, um den Thron zu einem sehr unsichern Sitze
zu machen. Hier waren nicht unter der Allgewalt eines

Einzigen alle Unterthanen einander gleich, sondern es ragten zwei und dreißig edle Geschlechter, deren jedes in zahlreichen Häusern blühte, unter dem Volke hervor. Einige darunter konnten vielleicht an Reichthümern mit ihrem Könige wetteifern; andre dünkten sich von Seiten der Abkunft nicht viel geringer wie er.

Zu diesen gehörten besonders die Abencerragen, die sich rühmten von Abenrahi, einem Feldherrn, in dessen Begleitung der tapfere Muza Spanien im achten Jahrhundert erobert hatte, abzustammen. Sie hatten nebst einigen andern Familien, den Alabasen, Zegri, Maza und Gomelen die Erhebung des jungen Prinzen bewirkt und hielten sich also ganz zu seinem Hofe. Sobald die ersten Unruhen vorüber waren, feierte Abu Abdallah den glücklichen Erfolg jener Begebenheit durch die prächtigsten Ergötzungen. Bald lockte das beliebte Schauspiel eines Stiergefechtes, bald ein Ringestechen, bald eine andre Waffenübung, die ehrbegierige Ritterschaft nicht nur aus der Hauptstadt, sondern aus dem ganzen Reiche zur Theilnahme, und eine zahllose Menge von Zuschauern zum unthätigen Staunen herbei. Alles drängte sich zum Albayzin, dem Theile der Stadt, den der kleine König (so nannte man ihn) inne hatte. Der Alte mochte indessen auf dem Alhambra, dessen Thürme und Mauern weit umher auf der schönen Ebene von Granada in die Augen fielen, seine Schätze und die nunmehr öden, mit unglaublichem Aufwande vom ihm erbauten Palläste hüten.

Nichts scheint dem ritterlichen Geiste mehr zu widersprechen, als der Charakter der morgenländischen Völker. Hier sehen wir feurige Kriegswuth, dort gestählte Herzhaftigkeit; hier asiatische Ueppigkeit, dort nordische Zucht, hier gefühllose Unterdrückung der Frauen, dort sittsame Verehrung

derselben. Nur in freien und stolzen Gemüthern konnten
die Tugenden des Ritterthums, seine heiligen Gelübde, seine
edlen Vorurtheile sogar gedeihen: und in Asien war unum=
schränkte Alleinherrschaft von jeher zu Hause. Auch die dort
übliche Art der Bewaffnung und des Kampfes, der leichte
Pfeil, der im Fliehen behende zurückgeschoßen ward, sticht
auffallend gegen die niederwerfende, aber unbehülfliche Ge=
walt der Lanze ab, womit der europäische Ritter auf seinen
Gegner einbrach. Wir haben Mühe, uns einen Helm unter
einem weichen Turban, einen von Haupt bis zu den Füßen
geharnischten Ritter auf einem schlanken arabischen Roße
vorzustellen. Die in den romantischen Dichtungen so häufi=
gen saracenischen Ritter, Ferrau, Sacripante, und wie sie
weiter heißen mögen, machen uns mit jenen Bildern um
nichts vertrauter. Ihre Schilderung läßt uns nur den Ab=
stand der Sitten vergeßen, ohne ihn durch eine natürliche
Vereinigung in denselben Personen auszugleichen; und über=
dieß gelten sie uns ja nur für fabelhafte Namen.

Dennoch bezeugt die Sage und Geschichte, daß ein
rühmlicher Rittergeist die Araber in Spanien, ihrer ent=
ferntesten westlichen Eroberung, wirklich beseelt habe, wie
es auch mit seiner Bildung zugegangen sein mag. Granada
blieb, nachdem die übrigen Königreiche wieder in die Hände
der Christen gefallen waren, der einzige, aber immer noch
glänzende Sitz desselben. Sein Einfluß adelte die barbarische
Pracht jener Waffenspiele, worin Abu Abdallah die ganze
Herrlichkeit des Reichs vor seinem nahen Untergange noch
einmal zur Schau stellte. Die mohrischen Ritter ehrten sich
durch Höflichkeit selbst in ihren Gegnern und indem sie sich
durch Muth und Geschicklichkeit hervorthaten, warben sie
zugleich um den Preis der feinen Sitte. Diesen konnte nur

das Wohlgefallen edel gesinnter Frauen ertheilen. Auch erschienen die Sultanin Morayzela und ihr reizendes Gefolge
von Töchtern der Vornehmsten bei jedem öffentlichen Feste
als Zuschauerinnen. Noch mehr belebte ihre Gegenwart die
Tänze und Gastmale, welche innerhalb des Pallastes ange-
stellt wurden. In diesem Lande, vorzüglich an diesem Hofe,
wußte man der Schönheit auf eine freiere Art zu huldigen
als durch den hohen Werth, den man im Morgenlande auf
ihren ausschließenden Besitz legt, und durch die mißtrauende
Eifersucht, womit man ihn sich zu bewahren sucht. Weibliche Jugend war hier so wenig zu der Eingezogenheit eines
Harems verdammt, daß die spanischen Romanzen noch lange
nachher die Schönen von Granada, Zayda, Fatima, Galiana,
Lindaraja und andre, und was Liebe sie für ihre Ritter,
diese für sie thun hieß, zu besingen nicht aufhören konnten.

Indessen nahmen die Lustbarkeiten, denen sich der unbesonnene Fürst so gern überließ, eine verderbliche Wendung.
Statt daß sie, als eine Vorübung zu nah bevorstehenden
ernsteren Kämpfen, den Adel hätten anfeuern sollen, sich den
klugen Entwürfen des Königs von Arragon, Don Fernando,
vereinigt entgegen zu werfen, nährten sie einen Zwist der
beiden mächtigsten Häuser, und gaben Anlaß zum Ausbruche
desselben in Gewaltthaten, in Parteiungen und endlich in
eine furchtbare Verschwörung. Die Abencerragen verdunkelten
durch den Glanz ihrer Geburt, ihrer Reichthümer und Würden Alles neben sich; und ob ihnen gleich Freigebigkeit und
Güte die allgemeine Zuneigung des Volkes gewonnen hatte,
so redete doch aus ihrem ganzen Betragen, selbst aus ihren
Wahlsprüchen und den Sinnbildern auf ihren Waffen ein
stolzes Bewußtsein, daß es kein Wunder war, wenn sie die
Eifersucht derer aufregte, die bei gleichen Ansprüchen es ihnen

doch nicht völlig gleichthun konnten. In diesem Falle befanden sich hauptsächlich die Zegri, Abkömmlinge der ehe-
maligen Könige von Cordova. Zu ihrer Partei gehörten
die Gomelen und Maza, während der angesehene Stamm
der Alabesen durch einen engen Bund mit den Abencerragen
befreundet war, und auch Muza, ein Sohn Hassans von
einer christlichen Sklavin, und oberster Befehlshaber der
Kriegsmacht, sich zu ihnen hielt. Nach manchen erbitterten
Vorfällen ersannen die Zegri bei Gelegenheit eines Rohr-
werfens, wobei sie die eine Schar von Rittern und die Abencerragen die andre ausmachen sollten, eine unritterliche Art
sich zu rächen. Sie beschloßen sich unter der festlichen Tracht
mit starken Panzern, und neben den leichten, unschädlichen
Röhren mit scharfen Lanzen zu versehen, um damit in der
Hitze des Kampfspiels nach ihren Feinden zu werfen. Mahomed Zegri, das Oberhaupt der Familie Zegri, führte dieß
wirklich gegen einen derselben aus, von dem er sich vorzüglich beleidigt glaubte. Dieser aber, vorher gewarnt, hatte sich
ohne die Uebrigen etwas merken zu laßen, mit Waffen der
Vertheidigung und des Angriffs versehen. Als er sich daher verwundet fühlte, setzte er schnell dem Thäter nach und durch-
bohrte ihn mit der Lanze, so daß er halbtodt zur Erde fiel.
Das Gefecht wurde ernsthaft und allgemein: die Zegri waren
dabei ihren Gegnern überlegen, weil sie beßer vorbereitet
waren. Die Dazwischenkunft der zuschauenden Ritter und
des Königs selbst, der sogleich seine Gallerie verließ, ein
Pferd bestieg und in die Schranken hineinritt, verhütete für
dießmal weiteres Blutvergießen. Ob es sich gleich bei der
ersten Untersuchung zeigte, Mahomed habe seinen Tod verdient, und auch die übrigen Zegri der Theilnahme an seinem verrätherischen Angriffe verdächtig wurden, so hemmte

doch die Verwendung der übrigen Ritter des Hofes alles fernere Nachforschen, und man bewirkte eine scheinbare Aussöhnung. Die Zegri kamen mit dem Verdruße, durch ein vergebliches Verbrechen sich selbst geschadet zu haben, für dießmal ab.

Ihre innerliche Erbitterung brach bald darauf bei einem andern Anlaße noch heftiger aus. Albayaldos, ein mohrischer Ritter, hatte den Großmeister des Ordens von Calatrava, Don Rodrigo Tellez Giron, zu einem Zweikampf gefordert, um, wie er sagte, seinen Bruder zu rächen, den jener in einer Schlacht getödtet hatte. Muza, deffen milder Sinn unnöthigen Feindseligkeiten abgeneigt war, und der überdieß den Edelmuth des Ordensmeisters aus einem eignen Gefecht erfahren hatte, fand sich an dem Quell der Fichte, einem Orte, nicht weit von der granadischen Gränze, wohin sich die beiden Ritter beschieden hatten, in der Absicht ein, den Albayaldos von seinem Vorhaben zurückzubringen. Seine Bemühung war vergeblich: der Zweikampf endigte sich mit einer tödtlichen Verwundung des Mohren, der in der letzten Todesangst noch sein Verlangen stammelte, ein Christ zu werden, und von seinem Gegner nach frommer Ritterpflicht mit geweihtem Waßer aus dem Quell besprengt ward. Als diese Nachricht nach Granada kam, versammelten sich die vornehmsten Ritter bei seinem Bruder, ihm ihre Theilnahme zu bezeugen. Hier äußerten besonders die Zegri Zweifel, ob dem Verstorbenen die Trauer gebühre, da er in den Gesinnungen eines Abtrünnigen gestorben sei; worauf die Abencerragen erwiderten, da Albayaldos den Ruhm eines wackern Ritters bis ans Ende behauptet, so müße man seine vorgebliche Bekehrung dahin gestellt sein laßen, und seine Ehre nicht schmälern. Ein Zegri spöttelte über die Mildthätigkeit

der Abencerragen gegen die gefangnen Christen, als wären
sie insgeheim christlich gesinnt. Albin Hamet, ein Aben-
cerrage, wies ihn kräftig ab: es kam von Worten zu That-
lichkeiten; der Zegri büßte seine Verwegenheit zuerst mit dem
Tode. Bald griffen nicht nur die Ritter von beiden Familien, sondern auch die zu ihrem Anhange gehörigen zu den
Waffen; und den Unparteiischen, in so großer Anzahl sie
auch gegenwärtig waren, gelang es erst mit vieler Mühe,
nachdem einige geblieben und viele verwundet waren, die
erhitzten Kämpfer aus einander zu bringen. Sobald der
König es erfuhr, ließ er alle Ritter von den Familien, die
Antheil an dem Streite genommen hatten, in verschiedene
Gefängnisse bringen; äußerst entrüstet über diese sich stets
erneuernden Fehden, war er schon im Begriff, sie auf einmal
durch einen despotischen Streich zu enden, und von jeder
Partei sechs Häupter hinrichten zu laßen. Endlich ließ er
sich bewegen, den Schuldigen unter der Bedingung, daß sie
sich versöhnten, zu verzeihen.

Die Zegri, von denen nicht weniger als sechs das Leben
verloren hatten, indessen die Abencerragen viele Verwundete,
aber keine Todte zählten, mußten also ihre jetzt auf das
Höchste gestiegene Wuth in sich verschließen. Bei einer Fa-
milienversammlung auf einem schönen Landsitze, den sie an
den Ufern des Darro besaßen, trug ihnen der Bruder jenes
Mahomed Zegri, nach dessen Tode sie ihn als ihr Oberhaupt betrachteten, den Entwurf einer Verrätherei vor, wodurch er den leichtsinnigen Abu Abdallah selbst zum Werkzeuge
ihrer Rache an den Abencerragen zu machen und ihren
Stamm auf einmal auszurotten hoffte. Sie ergriffen ein-
stimmig seinen Vorschlag; die Rollen wurden vertheilt und
die Ausführung bis zu einer günstigen Gelegenheit aufgeschoben.

Nicht lange darauf wurde ein Einfall in die Landschaft Jaen unternommen, wobei der König mit auszog. Es gelang nicht, sich der Stadt selbst durch Ueberraschung zu bemächtigen, wie man die Absicht gehabt hatte, denn man fand die Spanier zur Gegenwehr bereit. Doch behaupteten die Mohren in einem blutigen Treffen ihre Beute, und kehrten damit in ihr Gebiet zurück. Die Spanier hatten sich unterdessen gleichfalls auf die Ebene von Granada, den beständigen Schauplatz ihrer Streifereien, gewagt. Muza führte daher sogleich von den vier Scharen, die den Zug zu Pferde mitgemacht hatten, die erste, welche ganz aus Abencerragen und Freunden ihres Hauses bestand, zu einem neuen Gefechte. Der König trat, ermüdet von dem Marsche, auf einem seiner Lustschlößer ab, um sich da zu erholen. Nur wenige Ritter umgaben ihn, und diese waren Zegri oder Gomelen; Niemand von der Gegenpartei war zugegen. Der, welcher den Auftrag übernommen hatte, die Abencerragen zu stürzen, glaubte jetzt den Augenblick ergreifen zu müßen. Als Abu Abdallah ihre bei der letzten Unternehmung bewiesene Tapferkeit rühmte, bemerkte er, daß nur die übermäßige Güte des Monarchen alles, was die Abencerragen thäten, in ein so günstiges Licht stelle, und ihnen Bestrebungen des Ehrgeizes für uneigennütziges Verdienst anrechne. Sie haben mancherlei Künste angewandt, um Lieblinge des Volks zu werden, das Volk bete sie an; der Uebermuth in den Sinnbildern und Sprüchen ihres Waffenschmuckes verrathe genug, daß sie sich für zu groß halten, um Unterthanen zu sein, und ihre Reden haben dieß oft noch deutlicher ausgelegt. Wenn ihm der ruhige Besitz seiner Krone lieb sei, so möge er keinem Abencerragen trauen. Geängstigt durch diese mit geheimnißvollen Winken begleiteten Aeußerungen, drang der

14*

König in ihn, ihm alles, was er wiße, zu offenbaren. Lange lehnte er dieß heuchlerisch ab: seine Aussage könne wegen der bekannten Feindschaft seiner Familie mit jener verdächtig scheinen; endlich willigte er ein, jedoch erst nach dem heiligsten Versprechen der Geheimhaltung. Hierauf sagte er, die Abencerragen seien auf nichts Geringeres bedacht, als ihn des Lebens zugleich mit dem Throne zu berauben, auf welchen sie einen aus ihrer Mitte erheben wollten. Nur darum haben sie ihn erst gegen seinen Vater begünstigt, um eine getheilte Macht desto vortheilhafter angreifen zu können. Sie rechnen hiebei vorzüglich auf ein mit der Königin unterhaltenes Verständniß, die, wie er sich wohl erinnern werde, die Unternehmungen dieser Ritter immer durch den lebhaftesten Beifall ausgezeichnet habe. Er erzählte, an einem festlichen Tage, wo die Ausforderung des Ordensmeisters von Calatrava an die mohrischen Ritter zu einem Ehrenkampfe die Aufmerksamkeit des ganzen Hofes beschäftiget, habe er sich mit einem Freunde unter den Myrtengebüschen des Gartens am Schloße ergangen; sie haben die Königin in ihren geheimen Freuden mit dem Abencerragen Albin Hamet von fern belauscht, und sich unbemerkt von den Liebenden weggeschlichen. Nach einiger Zeit habe sich Morayzela durch allerlei Umwege wieder zu ihren Damen verfügt, ehe noch ihre Abwesenheit auffallend geworden war; auch Albin Hamet, mit unbefangenem Wesen nach einer andern Seite zu hervorgekommen, habe weiße und rothe Rosen zu Kränzen gepflückt, und da sie ihn über diesen Zeitvertreib angeredet, die Reize des Gartens gepriesen. Einige andre Zegri und Gomelen, die der König auf Verlangen des Anklägers als Zeugen herbeirufen ließ, bekräftigten diese Umstände ebenfalls. Nur aus Besorgniß für die Sicherheit des Königs selbst, dessen Macht damals noch neu

und wenig befestigt war, haben sie bis jetzt geschwiegen.
Abu Abdallah war über diese Entdeckung außer sich; doch
hätten sich vielleicht die Eindrücke des Augenblicks seiner
ohnmächtigen Seele nicht unbedingt genug bemeistert, um
ihn von einer Untersuchung zurückzuhalten, hätten ihn nicht
die Verräther durch scheinbare Vorspiegelungen so zu ängsti=
gen gewußt, daß er sich nur durch blinde Folgsamkeit gegen
ihre Vorschläge retten zu können glaubte. Die Macht der
Abencerragen, wiederholten sie ihm oft, sei viel zu groß,
als daß man sie nach Recht und Gesetz zur Strafe des Hoch=
verraths ziehen könne. Ja, der König selbst und sie, die
Ankläger, würden verloren sein, wenn jene nur die geringste
Spur davon bekämen, daß sowohl ihre schon begangenen,
als die noch nicht zur Ausführung reifen Verbrechen entdeckt
und verrathen seien. Der entscheidende Streich gegen sie
müsse unvermuthet wie ein Blitz vom heitern Himmel ge=
führt werden. Ihren mächtigen Anhang müsse man nicht
eher durch die Nachricht von ihrem Falle schrecken und be=
täuben, als bis kein Glied des ganzen Geschlechts mehr
übrig sei, um sich zum Oberhaupte der Empörung aufzu=
werfen. Hiezu entwarfen sie dem Könige einen blutigen Plan,
und versprachen ihm dabei den Beistand ihrer Familie und
ihres Anhangs. Was die Königin betreffe, so müsse man
erst nachher, und zwar der Vorschrift des Gesetzes gemäß,
gegen sie verfahren, um ihre Familie ruhig zu erhalten, und
um sich auch für jene nothwendige Gewaltthat als eine ge=
rechte Rache die allgemeine Billigung zu sichern. Man müsse
ihr verstatten, einen Verfechter ihrer Ehre aufzustellen: zwei
Zegri und zwei Gomelen erboten sich alsdann ihr Leben an
die Behauptung ihrer Anklage zu setzen. Sie hofften vermuth=
lich, die verleumdete Morayzela werde keine Ritter dazu finden.

Nach solchen Verabredungen begab sich Abu Abdallah
auf den Weg zur Hauptstadt. Bei seiner Ankunft kam ihm
die Sultanin mit ihren Frauen am Eingange des Pallastes
entgegen; aber er eilte an ihr vorüber, fast ohne sie zu begrüßen, und brachte unter dem Vorwande einer Unpäßlichkeit die Nacht allein auf seinen Zimmern zu. Eine schlaf-
lose Nacht war es, in der ihn tausend peinliche Gemüths-
bewegungen bestürmten: die Angst, welche immer vor einem
großen Verbrechen hergeht, vermochte nicht ihn zu warnen;
er schob sie auf die vermeintlichen Gefahren seiner Lage,
und hielt die Nothwendigkeit, sich davon zu befreien, nur
für desto dringender. Die Ritter von der Partei der Zegri
waren schon früh versammelt, ihn zu begrüßen: unmuthig
hörte er die Nachricht, die von Muza angeführten Abencerragen seien in der Nacht siegreich mit zwei eroberten Fahnen
von der Ebene zurückgekommen. Ihr Waffenglück galt ihm
nicht für einen geleisteten Dienst, sondern für eine Bestäti-
gung jener verrätherischen Anmaßungen. Er begab sich in
den Hof der Löwen auf dem Alhambra, einen offnen Platz
im Innern der Palläste, von zwölf alabasternen Löwen, die
in der Mitte einen Springbrunnen umgaben, so genannt.
Dreißig wohlbewaffnete Zegri erwarteten ihn hier; auch ein
Henker war heimlich dahin bestellt. Der König ließ jeden
Abencerragen aus der Stadt heimlich zu sich rufen: sobald
er eintrat, wurde er festgehalten und enthauptet. Albin
Hamet war eines der ersten Opfer, und schon waren sechs
und dreißig Abencerragen auf diese Weise umgebracht, als
ein Page, der sich unbemerkt seinem Herrn nachgeschlichen,
und die blutige Scene von fern erblickt hatte, einigen Freunden jenes Geschlechts, denen er zuerst begegnete, die Sache
wehklagend voll Entsetzen offenbarte. Sie beschloßen sogleich

die übrigen Abencerragen zu warnen, und als sie in die
Stadt zurückeilten, trafen sie auf Muza, der mit den Rittern
seines gestrigen Zuges auf dem Wege zum Könige war, um
ihm Bericht davon zu erstatten. Man konnte nicht zweifeln,
die Zegri seien die Urheber dieser ungeheuern Verschwörung,
besonders da man keinen von ihrer Partei in der Stadt bemerkte. Muza ließ als oberster Befehlshaber unverzüglich
Lärm blasen: bald war Alles versammelt und unter den
Waffen. Das ganze Volk, Weiber, Kinder und Greise, ge-
rieth in eine unbeschreibliche Bewegung, als man erfuhr, es
gelte die Rettung der geliebten Abencerragen. Durch alle
Gaßen erscholl unter verwirrten Wehklagen der Ruf: der
König sterbe! Man stürmte auf das Alhambra, und da man
die Thore verschloßen fand, versuchte man durch angelegtes
Feuer sie zu öffnen. Muley Haffan glaubte diesen Augenblick für sich benutzen zu können: er schloß eine Hinterpforte
auf, wodurch die Scharen unaufhaltsam hereindrangen, und
ihn auch wirklich aus Haß gegen den jungen Thrannen aufs
neue zum Könige ausriefen. Die Zegri hatten die Eingänge
zum Hofe der Löwen verschloßen und hielten sie besetzt, vermochten aber nicht die Abencerragen abzuwehren, die, durch
den Anblick ihrer enthaupteten Brüder zur höchsten Wuth
entzündet, den Schauplatz des Verbrechens in einen Schauplatz der Rache verwandelten, und fünfhundert Ritter vom
Geschlecht der Zegri und ihrem Anhange niederstießen. Dem
Könige würde es nicht beßer ergangen sein, hätte er sich
nicht an einem sichern Zufluchtsorte zu verbergen gewußt.
Vergebens suchte man ihn mit dem größten Ungestüm im
ganzen Umfange des Alhambra.

Muza hatte sich indessen bemüht, weiteren Verwüstungen
vorzubeugen und das Feuer zu löschen. Er fand bei seinem

Eintritte in das Alhambra seinen Vater von einer zahllosen
Schar von Edlen und Bürgern umringt, die ihn von Neuem
zum Könige ausriefen, und konnte also nicht umhin, ihn
huldigend zu begrüßen. Das Gefecht im Hofe der Löwen
war gleich im ersten Sturme durch die Niederlage der Zegri
und ihrer Partei entschieden worden; aber das Getümmel
des Auflaufs dauerte immer noch fort, und nahm sogar zu.
Muza sah die blutige Wahlstatt und eilte davon hinweg,
um der Königin von dem Vorgefallenen Nachricht zu geben.
Er fand sie, umringt von ihren Frauen, voll Schrecken über
Begebenheiten, welche sie nur halb wußte, von deren Ursache sie nichts begriff, und in tödtlicher Unruhe über ihren
Gemahl. Bei seinem furchtbaren Aufschluße sank sie in Ohn-
macht nieder. Sie hatte den König als ihren Gemahl geehrt, ohne je die Art von Neigung für ihn zu hegen, die
durch keine Pflicht geboten werden kann. Ihr reines Herz
hatte ihn nie einer solchen Unthat fähig geglaubt. Oft lenkte
sie zwar durch ihren milden Einfluß seine unbesonnene Schwäche
zum Guten; aber erst jetzt erfuhr sie, daß diese bei großer
Macht hinreiche, um in die tiefsten Abgründe zu stürzen.
Die edlen Frauen des Hofes, die an ihr nicht wie an ihrer
Gebieterin, sondern wie an einer Freundin hiengen, waren
außer sich. Sie vergaßen, daß sie selbst in dem Gefechte
einen Vater, Bruder, oder sonst einen nahen Verwandten
verloren haben konnten. Einige drängten sich um die schöne
Morayzela her, und suchten sie durch allerlei Hülfleistungen
ins Leben zurückzurufen; andre fielen zu Muzas Füßen, und
flehten ihn um Schutz und Rettung für sie an. Sie glaub-
ten, das Leben der Königin hänge vielleicht am Leben Abu Abdallahs, weit entfernt zu argwöhnen, daß sein Verbrechen einen so
nahen Bezug auf seine Gattin habe, und daß er gegen sie

auf das Feindseligste gesinnt sei. Auch Zelima, die jüngste
und schönste unter den Begleiterinnen Morayzelas, die Muzas
Herz seit ihrer ersten Erscheinung am Hofe gewonnen hatte,
kniete unter den übrigen vor ihm und verweigerte die Hand,
die er ihr vor Allen zum Aufstehen bot. So eindringende
Bitten, ein so rührender Anblick überwältigten ihn: er versprach alles zu thun, was in seiner Macht stände. Er hielt
Abu Abdallah mehr für das blinde Werkzeug, als für den
Urheber jener Verrätherei, und glaubte vielleicht auch, die
Ruhe des Staats erfordere es, ihn neben seinem Vater auf
dem Throne zu behaupten, da sonst sein immer noch mächtiger Anhang gewiß versuchen würde, ihn mit Gewalt wieder darauf zu erheben. Seine erste Sorge war, den Auf-
lauf zu stillen, wozu er theils den alten König sein Ansehen
zu verwenden bewog, theils selbst die nöthigen Befehle er-
theilte. Hierauf fragte er die Häupter der edlen Geschlechter über ihre Gesinnungen in Ansehung seines Bruders.
Sie verstanden sich alle dazu, ihn wieder für ihren König
anzuerkennen, bis auf die Abencerragen und drei mit ihnen
am genauesten befreundete Geschlechter, die, troß allen seinen
Vorstellungen, von keinem andern Könige als Muley Hassan
hören wollten.

Abu Abdallah hatte sich während des Gefechtes mit
etwa funfzig Rittern durch eine Hinterthür in das Gebüsch
des Alhambra, und von da in eine Moschee geflüchtet, die
in einiger Entfernung von der Stadt auf einem Hügel lag.
Hier erwartete er das Aergste, gequält von dem Bewußtsein
seiner Schuld, und voll Bangigkeit bei jedem Geräusche.
Auch Muzas Ankunft hielt er für feindlich, da ihn einige
von seinen Rittern den Hügel heranreiten sahen. Aber er
hatte nur die Vorwürfe seines Bruders zu fürchten, der ihn

über den tyrannischen Mißbrauch seiner Gewalt ohne Schonung zur Rede stellte. Abu Abdallah vertheidigte sich durch
das vorgebliche Verbrechen der Abencerragen, welches Muza
als etwas ganz Unglaubliches verwarf. Die vier Ankläger,
die sich unter dem Gefolge des Königs befanden, waren ge=
nöthigt, als dieser sich auf sie berief, ihre Verleumdungen
aufs Neue zu bekräftigen. Muza begegnete ihnen verächtlich
und zieh sie einer ehrlosen Lüge. Scheute ich mich nicht,
sagte er, den eben erst mit Mühe hergestellten Frieden von
Neuem zu brechen, so würde ich die Moschee nicht verlaßen,
ohne jedem von euch ritterlich darzuthun, daß er ein schänd=
licher Verräther sei. Man begab sich nach Granada zurück:
der König befahl der Wache vor seinen Zimmern, heute
Niemanden, wer es auch sei, zu ihm zu laßen. Er scheute
sich vor einer besondern Unterredung mit seiner Gemahlin,
deren sanfte, liebevolle Würde ihm bei seinen Anschlägen
gegen sie hätte vernichtend sein müßen. Sobald Muza ihr
melden ließ, Alles stehe wohl, Abu Abdallah sei wieder in
vollkommener Sicherheit im Pallaste, stand sie keinen Augen=
blick an, sich zu dem unglücklichen Verbrecher zu begeben.
Wie schmerzlich betroffen war sie, als man ihr auf seinen
ausdrücklichen Befehl den Zugang zu ihm verwehrte! Sein
gestriges Betragen, daß sie damals auf seine Ermüdung und
Unpäßlichkeit geschoben hatte, fiel ihr jetzt wieder auf, und
sie fieng an, einen Zusammenhang zwischen diesen befrem=
denden Erscheinungen und den Begebenheiten des vorigen
Tages zu vermuthen, wie man entfernte Gegenstände bei
einem schwachen Lichte wahrzunehmen glaubt. Freilich konnte
sie in ihrer Unschuld nicht errathen, was ihr die gehäßige
Verläumdung angedichtet hatte: aber ihre Besorgnisse waren
um so quälender, je verworrner. Sie entließ ihre Frauen,

die eben so wenig wie sie selbst den Muth gehabt hatten,
das traurige Stillschweigen hierüber zu brechen, und suchte
Ruhe in ihrem Schlafgemach.

Die Reihe ihr beim Auskleiden zu dienen, war unter
ihren christlichen Sklavinnen dießmal an einer, welche zwar
noch nie das Mißfallen der Königin, aber auch niemals ihre
Aufmerksamkeit besonders auf sich gezogen hatte. Sie war
nicht schön: nur ihre bescheidnen Sitten, die eine nicht ge=
meine Erziehung verriethen, und ihre Geschicklichkeit in weib=
lichen Arbeiten hatten sie zum Dienst am Hofe empfohlen,
wozu sonst immer die schönsten unter den gefangenen Chri=
stinnen gewählt wurden. Sorgfältig, aber still verrichtete
sie alles, was sie zu thun hatte; jeden Wink ihrer Gebie=
terin bemerkte sie schnell und befolgte ihn eifrig, ohne ihr
je durch schmeichlerische Künste gefallen zu wollen, und ohne
jede gütige Anrede für eine Gelegenheit anzusehen, sich näher
zu ihrer Gunst und ihrem Zutrauen heranzudrängen. Gram
und Bekümmerniß waren etwas so Frembes in der jugend=
lichen Brust Morayzelas, daß sie diesen Wohnsitz der Freude
unaussprechlich zerrütten mußten. Ihr Leben hatte bis jetzt
einem heitern Frühlingsmorgen geglichen; die ganze Welt
hatte ihr gelächelt, und ihre Freundlichkeit hatte dieß nicht
unerwidert gelaßen. Selbst den oft leeren Vergnügungen
des Hofes wußte sie Seele zu leihen, und der Schimmer
ihrer äußern Lage hatte ihrem Herzen nichts von seiner Ein=
falt geraubt. Sie konnte daher ihre Gemüthslage an diesem
Abend um so weniger verbergen: ihre Wangen waren höher
gefärbt, ihre Augen irrten zerstreut umher, die Wallungen
ihres Busens waren sichtbar. Esperanza de Hita, so hieß
die christliche Gefangne, fragte mit sanftem, theilnehmendem
Tone, ob ihr nicht wohl sei, und erhielt darauf eine halb=

laute Verneinung mit einem Seufzer zur Antwort. Als ihre
Gebieterin sich niedergelegt hatte, bat sie um Erlaubniß, die
Nacht bei ihr wachen zu dürfen; diese dankte ihr, schlug es
aber ab, und bestand darauf, allein gelaßen zu werden.
Esperanza widersprach nicht weiter, und gieng bis an die
Thür des Zimmers, wo sie nicht mehr beobachtet werden
konnte. Hier lauschte sie einige Zeit, und näherte sich dann
wieder mit leisen und langsamen Tritten. Als die noch immer wache Königin, die nur, weil sie ihre glühende Stirn
in das Kopfküssen drückte, zu schlafen schien, sich umwandte
und die Augen aufschlug, sah sie zwischen den Vorhängen
hindurch beim matten Schein einer Lampe das Mädchen am
Fuße ihres Bettes auf dem Boden sitzen, die Arme ver-
schränkt und den traurigen Blick nach ihr gerichtet. Sie
wandte jetzt nichts mehr wider ihre Gegenwart ein, vielmehr
war ihr die Nähe eines so theilnehmenden Wesens willkommen, und sie that ihren Seufzern keine Gewalt an. Sie
ließ sich einen kühlenden Trank reichen, ob sie schon wußte,
er werde ihr aufgeregtes Blut nicht besänftigen, nur um
jener das Vergnügen einer Hülfleistung zu gewähren. Gegen
Morgen fiel sie in einen ängstlichen, unterbrochnen Schlum-
mer, während Esperanza immer wach blieb.

Früh am Tage ließ der junge König alle Ritter des
Hofes, wie zu einer wichtigen Angelegenheit, zusammen berufen. Sie kamen aber, ausgenommen die Theilnehmer der
gestrigen Verschwörung, mit geheimem Widerwillen. Er
suchte dieß Gefühl zu entwaffnen, indem er, in Schwarz
gekleidet, mit allen äußern Zeichen der Reue und Betrübniß den Thron bestieg; allein es verrieth sich bald, daß er
mehr über das Mißlingen seiner That, als über sie selbst
bekümmert sei. Er beklagte in einer künstlichen Rede den

Tod so vieler wackern Rittern, womit er indessen nur die
von seinem Anhange meinte. Er habe, gestand er, sich durch
Leidenschaft hinreißen laßen, eine dem Anscheine nach un-
rechtmäßige Rache zu nehmen, statt sie den Gesetzen anheim
zu stellen, die nicht weniger strenge entschieden haben würden.
Hierauf trug er die ganze Anklage der Zegri vor, sei es
nun, daß er sie wirklich noch glaubte, oder daß er aus
niedriger Scham, um sich des begangenen Unrechts nicht
schuldig bekennen zu müßen, darin beharrte, und den Muth
nicht hatte, auf dem Wege zu seinem Verderben umzukehren.
Es entstand im Sale ein lautes Gemurmel, welches ihm
bewies, diese gehäßige Beschönigung einer gehäßigen That
finde wenig Glauben. Ein alter Oheim Morahzelas sprach
sehr heftig gegen den König; die Zegri erwiderten in eben
diesem Tone; die Gemüther erhitzten sich, und es wäre sogleich zu Thätlichkeiten gekommen, hätten sich nicht einige
unparteiische Ritter, vorzüglich Muza, ins Mittel gelegt.
Dieser, so sehr er die feindliche Hartnäckigkeit seines Bruders
verabscheute, hielt es nunmehr, da die Verleumbung gegen
die Königin zu einem so öffentlichen Ansehen gelangt war,
zur Rettung ihrer Ehre für nothwendig, einem gerichtlichen
Zweikampfe nicht auszuweichen. Dieß erklärte er dann auch
der Versammlung, doch mit ritterlicher Betheurung seines
vollsten Glauben an die Unschuld der Königin.

Abu Abdallah ließ seine Gemahlin vorladen. Der helle
Morgen hatte ihr Gemüth entwölkt, und sie nach den ängstlichen Träumen der Nacht wieder erquickt. Sie erschien,
zwar ein wenig blaß, aber doch mit ihrer ganzen Heiterkeit,
ohne blendende Pracht in einfaches Weiß gekleidet, und als
sie mit ihren Frauen hereintrat, neigte sich Alles tief, bis
auf die feindlichen Ritter. Man hatte dem Throne gegen=

über einen Polsterfitz bereitet, worauf sie sich niederließ. Vergebens suchte sie den Blick ihres Gemahls: er saß mit verschränkten Armen und finstrer, gesenkter Stirne unbeweglich da. Schuld und Unschuld schienen hier auf das Abstechendste neben einander abgebildet: kein unbefangener Zuschauer konnte sie verwechseln. Einige Zeit hindurch herrschte ein tiefes Stillschweigen, denn Abu Abdallah hatte nicht den Muth, der Königin die Ursache ihrer Vorladung zu erklären. Endlich nahm Muza, der neben dem Throne stand, dieß Geschäft über sich. Er sprach mit Schonung, ja mit Ehrerbietung, und doch fühlte er eine unwillkürliche Röthe auf seine Wangen steigen. Hierauf hieß er die Ankläger reden, die mit trotziger Frechheit ihre Lüge wiederholten. Die Königin hörte ihren Schwager erstaunt, doch ohne Bestürzung an: ihr offner, gegen ihn gerichteter Blick vermehrte seine Verwirrung. Bei der Anklage schlug sie die Augen nieder; dennoch war ein verachtender Ausdruck in ihren sanften Zügen sichtbar. Sie schwieg noch einige Zeit, als wolle sie sich überzeugen, daß sie dieses Alles wirklich gehört habe, daß es Ernst damit sei. Dann antwortete sie ihrem Schwager kurz, aber mit Würde und unwiderstehlichem Nachdruck, Sitte und weibliche Tugend sei ihr von jeher das Heiligste gewesen; und niemals von ihr, auch nur mit einem Gedanken, verletzt worden. Sie hoffe ritterliche Vertheidiger gegen die schändlichste Verleumdung zu finden. Wo nicht, so unterwerfe sie sich willig dem Ausspruche des Gesetzes: nach dem Verlust der Ehre werde ihr der Tod willkommen sein. „Ist „aber der Himmel gerecht genug," sagte sie, „um meine Un- „schuld zu offenbaren, so darf ich fordern, daß man meine „Verbindung mit dem Gemahl (so muß ich ihn noch nennen) „auflöse, der fähig war, meine Treue zu bezweifeln; und

„alsdann werde ich mich auf ewig von Abu Abdallah ent-
„fernen."

Sie hatte dieß unerschüttert gesprochen, aber ihre be-
wegten Frauen brachen jetzt in lautes Weinen aus, und sie
selbst konnte sich bei diesem Anblick der Thränen nicht er-
wehren. Im ganzen Sal waren die Gemüther mannichfaltig
bewegt und getheilt. Zwei Männer von hohen Jahren,
Oheime der Königin, traten aus dem Kreiße der Ritter zu
ihr, die Rechte auf das Herz gelegt, mit dem Ausdrucke der
Wehmuth und Zärtlichkeit, und boten sich an, für sie zu
fechten, falls sie keine stärkeren und der Waffen noch mehr
gewohnten Beschützer fände. Sie lehnte es auf jeden Fall
ab, und es entstand hieraus ein rührender Streit. Bald kamen
auch andre Ritter herbei und boten ihre Dienste an. „Edle Rit-
„ter (sagte sie), habet Dank für euren großmüthigen Eifer.
„Mein Unglück flößt euch Mitleid ein; aber der Entschluß,
„den ihr mir ankündiget, ist zu wichtig, um ihn nicht durch
„eine Bedenkzeit zu prüfen. Beharret ihr dabei, so laßt es
„mich innerhalb funfzehn Tagen wißen, da mir das Gesetz
„dreißig zugesteht, um Verfechter meiner Ehre zu finden."

Der König war während dieses ganzen Auftrittes in
sichtbarer Verlegenheit. Er wünschte ihm sobald als möglich
ein Ende zu machen, rief daher Muza zu sich, und trug ihm
auf, das Nöthige zur Gefangenschaft der Königin anzuord-
nen. Ein altes Schloß auf dem Alhambra, der Thurm
Comares, wurde dazu bestimmt; nur zwei von ihren Frauen
sollten ihr dort Gesellschaft leisten und eine Sklavin sie be-
dienen. Muza kündigte dieß der Königin auf eben diese
Weise an, wie er sie vorher angeredet hatte. Sie war unverzüglich bereit, ihm zu folgen, und wollte es ihren Frauen
überlaßen, sich darüber zu vergleichen, wer die traurige Woh-

nung mit ihr theilen sollte.   Da aber alle sich zu ihr dräng=
ten, und wie um eine Gunst darum baten, mußte sie wäh=
len, und gab der schönen Zelima und ihrer schon vermähl=
ten Schwester Galiana den Vorzug.   Mit tausend Umar=
mungen nahmen die übrigen Abschied von diesen und von
ihrer geliebten Sultanin.   „Bewahrt das Andenken eurer
„Freundin! (sagte sie) einst hoffe ich euch frohere Beweise
„meiner Liebe geben zu können, als Thränen; allein ihr seht,
„wie sich das lächelnde Glück von mir gewandt hat.“

Muza begleitete sie mit einer Wache nach dem Thurm
Comares, und sobald er sich ohne andre Zeugen, als die
beiden Begleiterinnen, in den für sie bestimmten Zimmern
befand, sagte er: „Ihr müßt erstaunt gewesen sein, theure
„Sultanin, geliebte Schwester, zu sehen, daß ich schwieg,
„als andre Ritter sich zu Versechtern eurer Ehre antrugen.
„Doch, verkennt mich nicht: ich will euch die Bedenklichkeit
„erklären, die mich zurückhielt.   Der König war gestern
„Zeuge des Eifers, womit ich eure Ankläger schändliche Ver=
„leumder schalt.   Er ist feindselig gesinnt, und möchte euch
„gern, so viel an ihm ist, aller Vertheidiger berauben, um
„diese Zegri, die sich seiner ganz bemächtigt haben, zu be=
„günstigen.   Er hat mich daher zum Richter über den Zwei=
„kampf ernannt, wodurch es unmöglich für mich werden
„würde, selbst zu fechten.   Schlage ich dieß Amt aus, so
„befürchte ich, er wählt einen Richter vom Anhange der
„Zegri dazu, der Alles zu eurem Nachtheile lenken, und
„wenn der Ausgang des Gefechtes im Geringsten zweideutig
„ist, gegen euch sprechen wird.   Entscheidet also selbst: was
„irgend mein Arm vermag, werde ich mich glücklich schätzen,
„für euch zu thun und zu wagen.“   Zelimas Wangen glüh=
ten während dieser Rede vor Freude über den Edelmuth

Muzas, aber ihr Herz klopfte zugleich bei dem Gedanken, wie sehr er sein Leben aussetzen wolle. Ein Blick der Königin auf das zarte Mädchen war hinreichend, sie zu der Entscheidung zu bestimmen; sie wünschte ihn zum Richter. Sie bat hierauf, ihr Esperanza zu ihrer Bedienung zu schicken, deren stille Theilnahme sie in der vorigen Nacht erfahren hatte.

Die Ruhe des unglücklichen Granada war indessen nur scheinbar hergestellt: bald erfolgten noch mehr blutige Auftritte, als das Vorspiel der nahen Unterjochung eines vordem so blühenden Staates. Abu Abdallah ließ gegen den dringenden Rath seines Bruders, der nun zu spät seine allzu gelinde Meinung von ihm bereute, einen Urtheilspruch gegen die Abencerragen ausrufen, wodurch er sie als Hochverräther, die mit gewaffneter Hand in seinen Pallast gedrungen, aus Granada verbannte und alle ihre Güter einzog. Weit entfernt zu gehorchen, bekümmerten sich diese nur wenig darum: sie sprachen dem Sohne Muley Hassans das Recht zu einem solchen Befehle ab; gewiß war es, daß er die Macht nicht hatte, ihn auszuführen. Vielmehr mußte er, bei dem allgemeinen Haße, Angriffe auf sein Leben befürchten, und ließ sich daher in den Gebäuden, die er noch im Alhambra einnahm, sorgfältig bewachen. Doch gelang es dem alten Könige, welcher der Waffen lange entwöhnt war, aber sich jetzt, von Erbitterung gegen seinen Sohn als Nebenbuhler getrieben, noch einmal zu einer kühnen That ermannte, an der Spitze seiner Leute in dieselben einzudringen; und nach einem heftigen Gefechte wurde Abu Abdallah nebst seinen Wachen zum Alhambra hinausgetrieben. Als auf den Lärm stärkere Haufen aus der Stadt herzueilten, um ihm beizustehen, waren die Thore schon verschloßen, und alle Anstalten zur Ver-

theibigung gemacht. Er mußte sich also mit dem Besitze
einer andern Burg, des Alcazara, begnügen; aber seine und
seiner Anhänger Wuth kannte jetzt keine Gränzen mehr.
Muley Hassan hatte die Leichname seiner Freunde zum Hohn
über die Mauern des Alhambra werfen laßen. Die Anhänger seines Sohnes fielen jeden von der Gegenpartei, der sich
irgendwo blicken ließ, mörderisch an. Diese vergalten es
ihm, wo sie die stärkeren waren, durch ähnliche Gewaltthaten. Die geringeren Bürger wagten sich nicht mehr aus ihren
Häusern; die Ritter erschienen nur wohlbewaffnet, und in
zahlreichen Haufen. Während dieses gräuelvollen Zustandes
hatte eine dritte Partei einem Oheim Abu Abdallahs, der
eben den Namen führte, die oberste Gewalt übertragen, um
jenen ganz von der Erbfolge auszuschließen, so daß es also
gewissermaßen drei Könige in Granada gab.

Unter dieser zunehmenden Verwirrung ermüdete Muza
niemals, das undankbare Amt eines Vermittlers, dessen Vorstellungen keinem von beiden Theilen vollkommene Genüge
leisten, zu verwalten, und zwischen seinem Vater und Bruder, von wenigen unparteiischen Rittern begleitet, hin und
wieder zu gehen. Ein großes Hinderniß der Aussöhnung
waren die Abencerragen, auf deren Verbannung Abu Abdallah durchaus bestand. Ungeachtet ihrer anfänglichen Wei-
gerung hatten sie es doch rathsam gefunden, bei den end-
losen Unruhen, worein ihr Vaterland verwickelt war, im
Stillen sich eine Zuflucht zu sichern. Auf ihre schriftliche
Erklärung an den König Don Fernando, sie seien bereit zu
seinem Dienste und (welches nothwendig damit verknüpft war)
zu seinem Glauben überzutreten, wenn sie sich einer günstigen
Aufnahme schmeicheln dürften, hatten sie die einladendsten
Versprechungen zur Antwort erhalten. Sie verstanden sich

daher zu der Auswanderung, wozu ihr Freund Muza selbst
ihnen rieth, und so wurde der Friede zu Stande gebracht:
doch mußte sich der junge König gefallen laßen, daß sie
ihre beweglichen Reichthümer mitnahmen, und die unbeweg=
lichen zu Gelde machten. Sie schienen Granada nicht als
Verbannte, sondern als zufriedene Sieger, von unzähligen
Beweisen der Liebe und Bekümmerniß des Volkes begleitet,
zu verlaßen: ihr Auszug war ein demüthigendes Schauspiel
für den, der ihn betrieben hatte.

In den innersten Gemächern einer weitläufigen Burg
eingeschloßen, sah die Königin nichts von diesen Begeben=
heiten, und das wüste Getümmel, welches sie oft erregten,
drang nicht bis zu ihr. Sie genoß der Ruhe des Grames,
den die zärtlichsten Bemühungen ihrer Freundinnen nicht zu
verscheuchen, nur zu lindern vermochten. Bald theilte Espe=
ranza diesen Namen mit den beiden liebenswürdigen Schwe=
stern. Das Unglück macht Könige und Sklaven einander
gleich; und jene hatte in der Erniedrigung stets eine stille
Würde behauptet, wie Morahzela auf dem Thron nie ihre
bescheidene Sanftmuth verlernte. Esperanza de Hita war aus
einem kleinen Orte der Landschaft Murcia gebürtig, die
Tochter eines Edelmanns, der kurz vor ihrer Geburt gestor=
ben war. Die betrübte Mutter hatte unter den Beängstigun=
gen einer gefährlichen Niederkunft ein Gelübde gethan, wenn
sie von einem lebenden Kinde genäse, es dem Dienste Got=
tes und der Kirche zu weihen. Aber bald sagte ihr eine
innere Stimme, nur ein williges Opfer könne dem Himmel
gefallen; sie liebte diese Tochter, die ihr beinahe das Leben
gekostet hatte, unaussprechlich, und konnte den Gedanken
nicht ertragen, sie gegen ihre Wahl zum geistlichen Stande
zu nöthigen. Sie suchte daher schon früh die Neigung des

                                                    15*

Kindes mit ihrem Gelübde in Uebereinstimmung zu bringen, und es gelang ihr. Bunte Bilder der Heiligen mit einem goldnen Kreiße um das Haupt, waren das liebste Spielwerk Esperanzas, und oft lag sie der Mutter an, ihr davon Geschichten zu erzählen, welche diese aus der Schrift oder aus den Legenden mit rührender Einfalt vorzutragen wußte. Die Kleine hatte ein empfängliches Ohr und eine zarte biegsame Stimme; sie sang beinah so früh, als sie lallte. Wie sie heranwuchs, lehrte die Mutter sie die schönsten Psalmen und manche andre Lieder frommen Inhalts. Sie sah dem Zeitpunkte, wo sie in einen heiligen Orden treten, wo sie die Freuden ihrer Kindheit zum Geschäft ihres Lebens machen sollte, mit Verlangen, ja mit ahnendem Entzücken entgegen. Sie sollte in einem Kloster zu Lorca eingekleidet werden, dessen Vorsteherin eine Freundin ihrer Mutter war. Diese hatte selbst sie dahin begleiten wollen, allein der Schmerz des Abschiedes überwältigte ihre schwache Gesundheit, und machte es ihr unmöglich mitzureisen. Ein alter Oheim und seine Söhne, nebst einigen Bedienten, machten die Begleitung der jungen Esperanza aus: doch nicht weit von Lorca wurden sie von einer über die Gränze streifenden Partei Mohren angefallen. Die Männer setzten sich anfangs tapfer zur Gegenwehr, aber sie fielen oder mußten fliehn. Esperanza wurde auf einem der mit Beute beladnen Maulthiere nach Velez weggeführt, wo sie zuerst wieder von der Betäubung eines tödtlichen Schreckens zu sich kam. Der Alkayde dieses Gränzortes begegnete der edlen gefangenen Christin gütig, und sandte sie der Königin zu. Jene betrauerte die wackern Verwandten, die bei ihrer Vertheidigung das Leben verloren hatten, sie ängstigte sich unaufhörlich über ihre gute, nun verlaßene Mutter, der sie keine Nachricht von sich geben

konnte, und sie beklagte ihr eignes Looß, vorzüglich weil sie
der schönsten und seligsten Bestimmung, wie sie glaubte, ent=
rißen worden war, an der ihr ganzes unschuldiges Herz
hieng. Noch nie hatte die mächtigste Leidenschaft den Frie=
den ihrer Brust gestört, und vielleicht trug sie den Stoff
dazu nicht in sich; nie hatte sie vergeblich den sehnsuchts=
vollen Blick aus der Abgeschiedenheit in die Welt zurückge=
worfen; kindlich hatte sie nach der goldnen Krone der Hei=
ligkeit gegriffen, ohne von innern Kämpfen zu wißen, wo=
durch man sie verdient. Sie fand unter den Gefährtinnen
ihres Schicksals keine, der sie sich mit Zutrauen hätte nähern
können. Diese leichtsinnigen Mädchen sannen nur auf einen
geschickten Gebrauch ihrer Reize, um irgend einen Mohren
zu gewinnen, und der Verbindung mit ihm ihr Vaterland
und ihren Glauben aufzuopfern: oder ihre Gesinnungen san=
ken auch zu der Abhängigkeit ihres Standes herab. Espe=
ranza zog sich daher in eine mehr als klösterliche Einsamkeit
zurück. Nur wenn ihr Dienst sie rief, verließ sie ihre kleine
Kammer, die sie wie eine Zelle auszuschmücken wußte. Ihre
Andacht hatte nichts Finstres: sie dachte nicht an Pflicht,
noch an Verdienst dabei, sondern folgte nur einem sanften,
aber innigen Hange. Bei der kindlichen Beschränktheit ihrer
Vorstellungen lief sie keine Gefahr, sich mit ihren Betrach=
tungen in einer öden und unbegreiflichen Unendlichkeit zu
verirren. Sie lieh der Jungfrau Maria die Züge ihrer eig=
nen Mutter, und schmiegte sich mit gleicher Zärtlichkeit an
sie. Die Apostel, Erzväter und Heiligen, deren Bilder ihr rings
von den Wänden zuwinkten, schienen ihr nicht nur die ehr=
würdigsten, sondern auch die freundlichsten unter allen Men=
schen. Einen Tisch hatte sie sich zum Altar eingerichtet,
schmückte ihn mit Blumentöpfen oder frischen Sträußen und

betete oder sang knieend vor demselben. Außer den vielen
Liedern, die sie im Gedächtnisse hatte, wußte sie auch Weisen und Worte dafür zu ersinnen, in denen sich ihre Stimmung offenbarte. Einer dieser Gesänge, den sie fast an
jedem Abend wiederholte, lautete in castilianischer Sprache
dem Sinne nach etwa so:

Holde Himmelskönigin,
Und ihr Heil'gen Gottes alle!
Neigt das Ohr mit mildem Sinn
Einer armen Dulderin,
Daß ihr Lied euch wohlgefalle!
Holde Himmelskönigin
Und ihr Heil'gen Gottes alle!

Einsam leb' ich und verwaist,
Weggebannt vom Vaterlande,
Wo euch jede Lippe preist;
Feindliche Gewalt zerreißt
Des Gelübdes werthe Bande;
Einsam leb' ich und verwaist,
Weggebannt vom Vaterlande.

Doch ich trag' es mit Geduld:
Sollt' ich mit dem Himmel rechten?
O beschirmt mich nur vor Schuld!
So erheb' ich eure Huld
Selbst in bang durchweinten Nächten.
Ja, ich trag' es mit Geduld:
Sollt' ich mit dem Himmel rechten?

Was ich habe, bring' ich dar,
Einen treu ergebnen Willen.
Konnt' ich gleich nicht am Altar

Mich mit frommer Schwestern Schar
In den keuschen Schleier hüllen:
Was ich habe, bring' ich dar,
Einen treu ergebnen Willen.

Meine Mutter weinet fern
Um das Kind, das sie verloren.
Tröste sie, du tröstest gern,
Sanfte Mutter unsres Herrn,
Den du auch zum Weh geboren.
Meine Mutter weinet fern
Um das Kind, das sie verloren.

Welke nur die Jugend hin,
Weih' ich doch ihr keine Klage.
Nach Befreiung strebt mein Sinn;
Sieh, ich zähle wie Gewinn
Jeden der verfloßnen Tage.
Welke nur die Jugend hin,
Weih' ich doch ihr keine Klage.

Esperanza war sehr darüber erfreut, daß die Königin
sie zu sich rief, um ihre Gefangenschaft zu theilen. So lange
der Schimmer des Glücks ihre Gebieterin umgab, hatte sie
sich begnügt, sie aus der Ferne zu bewundern; in der Bedrängniß fieng sie an, sie zu lieben. „Ach, wüßte ich die
schöne unglückliche Sultanin zu trösten!" sagte sie zu sich
selbst, als sie ihr das erste Mal im Gefängnisse diente:
aber Schüchternheit fesselte ihre Zunge, und nur stumme
Ausdrücke standen ihrer Theilnahme zu Gebote. Im Schloße
herrschte schon tiefe Stille: Morayzela lag schlaflos auf ihrem
Bette, als sie über sich wie vom Himmel herab den Gesang
einer melodischen Stimme vernahm, deren volle, gehaltne,

schwebende Töne ihre ganze, jetzt so empfängliche Seele auf=
regten, ob sie schon die Worte nicht verstand. Es war
Esperanzas Stimme: nach einem Gebet, worein sie die Kö=
nigin mit eingeschloßen hatte, sang sie, ohne daran zu den=
ken, daß sie jener hier weit näher wohnte und von ihr
gehört werden konnte, mit der innigsten Rührung einen jener
Psalme, welche um Errettung aus einer dringenden Noth
flehen.

    „Was sangest du gestern Abend, Esperanza?“ fragte
die Königin, als sie am andern Morgen hereintrat. „Ein
heiliges und trostvolles Lied, meine Gebieterin,“ erwiderte
jene, und mußte es ihr nach mehreren Fragen wiederholen
und die Worte auf Arabisch erklären. Sie redete diese
Sprache unvollkommen, und wählte daher immer nur den
einfältigsten, aber eben deswegen auch den herzlichsten Aus=
druck. Die Königin fand Weise und Inhalt wunderbar zu
ihrer Gemüthslage stimmend, und verlangte noch mehr von
diesen Liedern zu hören. Auch jene sanfte Abendklage kam
an die Reihe, und gab Gelegenheit zu Gesprächen über Espe=
ranzas eigne Geschichte, über die mit ihr von der zartesten
Kindheit an aufgewachsenen, nun vereitelten Wünsche. Die
Königin wurde nachdenkend: was konnte doch jener Schleier
so wunderbar Anziehendes haben, daß die unschuldige Seele
seinen Verlust mehr beklagte, als den Verlust eines Diadems?
Noch niemals hatte man den Dienst der Gottheit ihrem
Herzen nahe gelegt, sie befolgte die Vorschrift der äußern
Gebräuche, ohne weiter etwas dabei zu denken. Selbst die
Eine große Wahrheit, die Mohamed gelehrt, ruhte unwirk=
sam in ihrem Gedächtnisse. Esperanza hingegen schien in
einer andern Welt mehr daheim zu sein, als auf Erden:
sie hatte übermenschliche und zugleich menschliche Vertraute

und Freunde, die sie zwar nie gesehen, aber auf die sie dennoch nicht weniger gewiß rechnete. Morayzela hatte nie zuvor einen Begriff vom Glauben der Christen gehabt, denn die christlichen Sklaven pflegten die frommen Gebräuche, welche sie in der Gefangenschaft etwa beobachten konnten, vor den Mohren zu verbergen, um nicht von ihnen als Abgötterer gescholten zu werden. Esperanza wurde mehr und mehr durch den Eindruck beseelt, den ihre Mittheilungen sichtbar auf jene machten. Doch war es nicht sowohl der Eifer der Bekehrung, was sie zu reden trieb, als der Wunsch, ihrer Gebieterin den köstlichen, den einzigen Trost zu verschaffen: selbst arm und hülflos hatte sie der Unglücklichen nichts zu geben, als ihr Herz und ihren Glauben. Diese Unterredungen erneuerten sich täglich, und die Königin hörte mit immer steigender Theilnahme zu, wenn ihr Esperanza von dem unschuldigen, wohlthätigen, göttlichen Manne erzählte, der grausam verfolgt und umgebracht, es allen Menschen zum Besten gern erduldet; von seiner heiligen Mutter, wie entzückt sie bei seiner Geburt gewesen, wie unnennbar sie bei seinem Tode gelitten, und wie sie jetzt in ihrer Herrlichkeit allen bedrängten Frommen beizustehen bereit sei. An jenem Abend wurden die Gesänge der Christin das Wiegenlied ihres Kummers. Ihre verlaßene Lage machte es ihr zum Bedürfniß, mit jenen hülfreichen Wesen näher bekannt zu werden; bald lernte sie mit eben der Inbrunst, wie Esperanza, sich zu ihnen wenden. Schon unzählige Male hatte sie mit der innigsten Bewegung ausgerufen: sei gegrüßt, Maria! indem sie sich dabei mehr das leidende Weib, als die hohe Himmlische dachte. Sie war schon mit ganzer Seele Anbeterin des göttlichen, aufgeopferten Sohns, als endlich der Gedanke in ihr aufkeimte, der in ihrem Glücksstande unter die unmöglichen gehört hätte, auch äußerlich Christin zu werden, wenn sie aus ihrer jetzigen Noth gerettet würde. Ihrem Vaterlande mußte sie dann freilich entsagen, mußte sich entschließen, ohne eine Stütze in eine ganz fremde Welt einzutreten. Dieß schien ihr indessen jetzt nicht schwer: Granada war seit Kurzem ein Aufenthalt der Zwietracht und all ihrer Gräuel, ohne Aussicht auf einen beßern Zustand; von ihren jugendlichen Freuden war sie durch eine schreckliche Kluft getrennt; die Verleumdung hatte selbst das Andenken daran vergiftet. Esperanzas Entzücken war unaussprechlich, als die Königin ihr und den beiden Schwestern, die alles willkommen hießen, was ihrer edlen Freundin Trost gab, und daher jene bald lieb gewonnen hatten, diesen Entschluß offenbarte.

Allein während ein erhebender Glaube, eine lindernde Zärtlichkeit das Gemüth Morayzelas ganz erfüllte, wurde die Wendung ihres Schicksals immer zweideutiger. Zwar hatte der alte König nach der Vertreibung Abu Abdallahs aus dem Alhambra seine Schwiegertochter wißen laßen, sie sei nunmehr frei, und könne sich nach Wohlgefallen wegbegeben. Doch sie konnte ihr Leben nicht mit Aufopferung ihrer Ehre retten wollen: Durch ihre Flucht hätte sie sich nach den damaligen Begriffen für schuldig erklärt. Sie ließ daher dem Muley Haffan für sein Anerbieten danken, bat ihn aber, die Wache am Thurm Comares bis zur Entscheidung ihrer Sache auf demselben Fuß wie bisher zu laßen. Die funfzehn Tage verfloßen, ohne daß sich Ritter zu ihrer Vertheidigung antrugen; keiner von denen, welche es gleich anfangs gethan hatten, schien sich seines Versprechens zu erinnern: Parteienwuth und andre gehäßige Leidenschaften hatten sich aller Seelen bemächtigt, und den alten Edelmuth

aus Granada verbannt. Die Sultanin war zu stolz, um
von Rittern, die sich oft, dem Glanze ihre Würde und ihren
persönlichen Eigenschaften huldigend, herbei gedrängt hatten,
sich einen Dienst zu erbitten, oder sie darum zu mahnen.
Wer sie kannte und sich nicht gedrungen fühlte, seinen Arm
für ihre angefochtne Unschuld darzubieten, konnte ihr auch
ihre Bitte verweigern. Den Abencerragen wäre es eigentlich
am ersten zugekommen, aber sie schwiegen, weil sie nicht
wußten, wie lange sie sich noch in Granada behaupten würden, wie sie dann auch bei der Aussöhnung der beiden Könige wirklich genöthigt waren, es zu räumen. Hierdurch
erfuhr die Sultanin und Zelima eine schmerzliche Trennung:
Galiana nahm unter den zärtlichsten Umarmungen, unter
Thränen und guten Wünschen Abschied von ihnen, um ihren
Gemahl, einen Abencerragen, in das fremde Land zu begleiten. Abu Abdallah kam zu gleicher Zeit mit seinem
Vater überein, dieser solle dem gerichtlichen Zweikampfe kein
Hinderniß in den Weg legen, und nachher die Sultanin
ihrem dadurch entschiednen Loose nicht entziehen. Er befahl,
daß alle Alcayden, welche sich anfangs wegen der Feste, nachher um in den bürgerlichen Unruhen ihren Freunden beizustehen, in Granada aufgehalten hatten, sich unverzüglich zu
ihren Burgen und Gränzorten zurückbegeben, und sie bei
Todesstrafe auch nicht verlaßen sollten. Die immer wiederholten, immer näher herandrängenden Anfälle der Spanier
berechtigten zu einer solchen Maßregel; allein, um sie gerade in diesem Augenblicke zu nehmen, dazu hatte Abu Abdallah den geheimen Grund, daß er durch die Entfernung
der tapfersten Ritter es der Königin um so schwerer machen
wollte, Vertheidiger zu finden. Er erreichte seine Absicht:
die dreißig Tage verstrichen, ohne daß sich Ritter angeboten,

und ohne daß sie sich hätte entschließen können, Schritte zu thun, die ihr erniedrigend schienen. Muza, voll von Besorgniß, daß es so sein möchte, gieng zu ihr in den Thurm Comares. Er fand sie krank auf ihrem Ruhebette, vor welchem die beiden Freundinnen saßen. „Mein Leben ist ver= „wirkt, edelmüthiger Muza!" sagte sie mit der Gelaßenheit der Ermattung; „meine Ankläger werden siegen, weil Nie= „mand gegen sie ficht. Ohne Schauer fühle ich den Tod „in meinen Adern; doch, sagt mir: muß ich auch die Schmach „der Hinrichtung noch abwarten?" Esperanza und Zelima weinten laut bei diesen Worten; Muza selbst faßte sich nur mit Mühe, doch bestrebte er sich, seiner Schwägerin auf das Freundlichste Trost einzureden. Die dreißig Tage seien zwar vorüber, aber die in Granada herrschende Zerrüttung habe es unmöglich gemacht, Ritter für den Zweikampf zu finden. Dieser müße daher wenigstens noch die Hälfte eben derselben Frist verschoben bleiben; er werde bei seinem Bru= der hierauf dringen. Fänden sich in dieser Zeit keine Ver= theidiger ihres Vertrauens würdig, so sei er immer noch bereit, aus einem Richter ihr Anwalt zu werden. „Laßt „mich!" sagte die Königin: „wozu noch diese Verlängerung „meiner Leiden? ist ihr Maß nicht voll? Nehmt euer Aner= „bieten zurück! Eurer Tapferkeit, eurem Edelmuth scheint „nichts zu schwer: aber werden eure Kräfte einem viermal „erneuerten Gefechte nicht erliegen? und soll ich alle, die „mir werth sind (sie blickte hierbei ihre junge Freundin an), „in mein grausames Schicksal verstricken?" Zelima, von ent= gegengesetzten Regungen zu gewaltsam gedrängt, fiel jetzt neben dem Bett auf die Knie nieder, und sank halb ohne Bewußtsein mit dem Haupte an den Busen der Königin. Muza war bestürzt, und schmerzlich entzückt über die Zärt=

lichkeit seiner Geliebten, die sich so rührend verrieth. Er
fürchtete beide durch wiederholtes Andringen noch mehr zu
erschüttern, und entfernte sich von Esperanzas Segenswün=
schen begleitet.

Die Königin war entschieden, Muza nicht für ihren
Vertheidiger anzunehmen: sollte sie Zelimas kindliche An=
hänglichkeit dadurch belohnen, daß sie ihren Geliebten vier=
facher Lebensgefahr aussetzte, um sich selbst zu retten? Auch
glaubte sie nicht, daß Abu Abdallah ihn von dem einmal
übernommenen Richteramt entlaßen, oder ihr eine verlän=
gerte Frist zugestehen würde. Sie sah also ihren Tod vor
Augen, und wollte ihn sich selbst geben, um nicht ihren
Feinden zum Schauspiel zu dienen. Eine kleine Scheere,
die sie bei ihren weiblichen Arbeiten brauchte, schien ihr hin=
reichend, um sich die Adern zu öffnen. Sie forderte sie
von Esperanza, als wollte sie den Knoten eines Bandes an
ihrer Kleidung, der sie drückte und den sie nicht auflösen
könnte, damit zerschneiden, und steckte sie dann hastig zu
sich. Hierauf ließ sie sich ihre Schreibtafel geben, schrieb,
auf den Ellbogen gestützt, mit zitternder Hand einige Worte,
und reichte sie dann zurück. „Bewahre dieß, meine treue
„Esperanza!“ sagte sie, „es enthält meinen letzten Willen.
„Euch beiden vermache ich meinen Juwelenschmuck zum An=
„denken. Dir gebe ich die Freiheit, und empfehle dich mei=
„nem Schwager, damit er für deine Rückkehr in dein Va=
„terland sorge. Umarmt mich noch einmal, Geliebte! Ge=
„habt euch wohl, und überlaßt mich nun der Erquickung des
„Schlummers!“ Zelima war sprachlos; jeder Versuch zu ant=
worten wurde von Schluchzen erstickt. Esperanza warf sich
vor der Königin nieder, küßte tausendmal ihre Hand, flehte,
sie möchte ihr den Trost nicht versagen, die Nacht bei ihr

bleiben zu dürfen, beschwor sie, noch nicht Alles verloren
zu geben, und sich selbst kein Leid anzuthun. Diese war
von so viel Liebe innig gerührt; mit dem einzigen Gefühl,
das dem Leben Werth geben kann, erwachte die Anhänglich=
keit daran in ihr. Sie ließ sich in ein ruhigeres Gespräch
ein, doch ohne von der Behauptung zu weichen, es sei keine
Aussicht zur Rettung für sie übrig. Esperanza konnte ihr
hierin leider nur schwach widersprechen, aber sie bot alles
auf, was sie vom Schutze der himmlischen Macht, der nie
von dem Frommen weiche, vom Vertrauen auf die waltende
Vorsicht Eindringliches zu sagen wußte. Sie sang mit Be=
geisterung diesen Zuruf aus einem arabischen Liede:

> Der Himmel kann nicht stets den Guten zürnen,
> Ist schon das Leben oft ein harter Krieg.
> Nur schaffe du den feindlichen Gestirnen
> Verzweiflungsvoll nicht selbst den Sieg!

Ungeachtet ihr Morahzela versprochen hatte, abzuwarten,
ob Muza den Aufschub ausgewirkt haben würde, wollte sie
doch ihre Gebieterin keinen Augenblick allein laßen. Sie
betete unaufhörlich mit nie gefühlter Inbrunst um Rath von
droben herab, und wie unnennbar war ihre Freude, als sie
nach langem Sinnen einen Ausweg gefunden zu haben glaubte.

Sie kannte die Rittertugenden, wodurch der spanische
Adel sich damals so allgemein auszeichnete, sie wußte, wie
begierig ihre Landsleute nach außerordentlichen Thaten, wie
eifrig sie wären, wo es den Schutz der unterdrückten Unschuld
galt. Die Königin war im Herzen schon eine Christin: war=
um sollte ein christlicher Ritter nicht für sie fechten wollen?
Es war auch nichts Ungewöhnliches, ungeachtet zwischen Gra=
nada und den Königen des übrigen Spaniens beständig Krieg
war, daß einzelne Helden sich im Vertrauen auf die Ritter=

treue der Mohren ohne Begleitung mitten unter sie wagten,
um Abenteurer aufzusuchen. Dieß hatte vor nicht langer
Zeit Don Rodrigo Tellez Giron gethan, bei welcher Gele=
genheit er Muza im Zweikampfe besiegte. Seine dabei be=
wiesene Tapferkeit wurde von den fabelnden Volkssagen, unter
andern in folgender damals berühmten Romanze besungen:

> Himmel! welch ein tapfrer Ritter,
> Calatravas Ordensmeister!
> Wie verfolget er die Mohren
> Auf der Ebne von Granada,
> Von dem Quell des Fichtenbaumes
> Bis hinauf zum Schneegebirge!
> Ja, sogar Elviras Thore
> Greift er an mit Lanz' und Degen:
> Diese Thore waren eisern,
> Doch er stößt sie durch und durch.

Es konnte für die Königin nicht demüthigend sein, sich
in der Drangsal an einen völlig fremden Mann zu wenden,
der nie an ihrem Hofe erschienen war, noch sich, wie die
mohrischen Ritter, die nun ihr Schicksal gleichgültig anzu=
sehen schienen, um ihre Gnade beworben hatte. Ueberdieß
war ein Gefecht mit einem von diesen nichts mehr, als was
die spanischen Edlen damals täglich für ihren König unter=
nahmen, oder zu unternehmen wünschten. Esperanza richtete
hiebei ihr Augenmerk auf Don Juan Chacon, Herrn von
Carthagena, den sie zuweilen im Hause ihrer Mutter gesehen
hatte, weil seine Gemahlin eine Verwandte derselben war.
Nicht leicht übertraf jemand in ganz Spanien diesen ernsten
gesetzten Mann an Ruhm der Tapferkeit und Großmuth. Er
hatte so viel Freunde und Waffenbrüder, daß es ihm leicht

werden mußte, noch drei andre Ritter zu finden, die das
Abenteuer mit ihm zu theilen bereit wären.

Alles dieß trug Esperanza der Königin vor, die anfangs
ungläubig war, hartnäckig zweifelte, vielerlei einwendete, aber
es endlich dem Eifer ihrer Freundin, alle Bedenklichkeiten zu
heben, nicht abschlagen konnte, einen Versuch zu wagen,
wenn anders Muza die verlängerte Frist erhalten hätte. Sie
zweifelte nicht ganz mit Unrecht hieran; denn er hatte sein
ganzes Ansehen, seinen drohendsten Ernst dazu nöthig ge=
habt. Doch kam er früh am Morgen mit der Nachricht, und
billigte Esperanzas Vorschlag von ganzer Seele. Die Kö=
nigin sagte dieser mit arabischen Worten vor, was sie auf
Castilianisch an Don Juan schreiben sollte: von ihrer Be=
drängniß, ihrer Unschuld, ihrer Begierde Christin zu werden,
wenn sie befreit würde. Dann unterschrieb sie den Brief mit
eigner Hand, und versiegelte ihn mit ihrem Ringe. Muza
nahm es über sich, ihn durch einen vertrauten Boten eilig
zu besorgen, und zugleich einen Geleitsbrief für die spani=
schen Ritter mitzuschicken. In wenigen Tagen brachte der
Bote von dem königlichen Hoflager zu Talavera, wo sich
Don Juan befand, eine Antwort desselben voll von Ehrer=
bietung und Ergebenheit zurück. Er fand sich über Verdienst
geehrt, daß die Königin ihn vor allen Andern zu ihrem
Vertheidiger gewählt. Er versprach am bestimmten Tage in
Granada einzutreffen.

Der Tag erschien. Man hatte auf dem Platze Viva=
rambla ein mit Schwarz behangenes Gerüst errichtet, und
vor demselben ein großes Viereck zum Kampfplatz mit Schran=
ken umschloßen. Die ganze Stadt war voll der gespanntesten
Erwartung; schon bei Anbruch des Tages waren die Straßen
voll Getümmel. Das Volk beklagte die Sultanin, die Rit=

ter der verschiedenen Parteien waren auf einen neuen Aus-
bruch des bürgerlichen Krieges vorbereitet, und erschienen
alle wohlgewaffnet. Muza und seine beiden Beisitzer im
Richteramt giengen auf das Alhambra und begleiteten die
Sänfte, worin die Königin nebst ihren beiden Begleiterinnen
abgeholt ward. Alle Fenster längs dem Wege, den sie zu
machen hatten, waren mit Frauen und Mädchen besetzt; be-
dauernde Ausrufungen folgten ihr überall nach. Sie bestieg in Schwarz gekleidet das Gerüst, auf welchem auch
die Richter saßen, und ließ sich, ihnen gegenüber, auf ebenfalls schwarzen Polstern, nieder. Mit lärmender Kriegs-
musik erschienen die vier Zegri in einem prächtigen Aufzuge,
und stellten sich mit ihrem Anhange an die eine Seite des
Gerüstes, während die Ritter der entgegengesetzten Partei
sogleich die andre einnahmen. Der König ließ sich seitwärts
auf dem Balkon eines Pallastes am Bivarambla sehen, und
suchte unter blendendem Pomp die ihn nagende Unruhe zu
verbergen. Niemand außer Muza wußte, ob die Königin
überhaupt, und was für Verfechter sie gefunden; doch schien
sie gutes Muthes: sie hatte ihre gerechte Sache den Mächten
des Himmels in heißen Gebeten empfohlen, und Esperanzas
unbegränzte Zuversicht hob und begeisterte sie. Es verflossen
einige Stunden in stummer Erwartung, ohne daß Vertheidiger erschienen wären. Die granadischen Ritter von der
Partei der Abencerragen waren jetzt beschämt über ihre
unritterliche Gleichgültigkeit bei der Bedrängniß der schönen
und tugendhaften Sultanin, deren Anblick Rührung und
Ehrerbietung einflößen mußte. Mehrere boten sich zu Käm-
pfern an, allein sie lehnte es ab: es sei noch früh am Tage,
und sie wolle erwarten, ob die von ihr gewählten Beschützer
nicht kommen würden. Endlich unterbrach ein großes Ge-

tümmel vom Thore von Bivarambla her die Stille. Alle
Zuschauer drängten sich dahin, und bald sah man vier statt-
liche Männer in reicher türkischer Kleidung und mit schim-
mernden Waffen durch die dichten Haufen gegen das Gerüst
heranreiten. Einer von ihnen näherte sich dem Richter und
fragte auf Türkisch, ob es erlaubt sei, die Sultanin einen
Augenblick zu sprechen. Da man es nicht verstand, wiederholte er seine Frage auf Arabisch, und nach Bejahung derselben sprang er vom Pferde, stieg die Stufen hinauf und
trat, tief und feierlich sich neigend, vor die Königin. Er
und seine Gefährten, sagte er auf Arabisch, seien türkische
Befehlshaber, in Geschäften des Großherrn nach Marocco
gesandt, und durch einen Sturm an die granadische Küste
geworfen; da sie von dem bevorstehenden Zweikampfe gehört,
haben sie sich eilig auf den Weg gemacht, um der Sultanin zum Dienst ihrer Ehre anzutragen was ihr Arm vermöchte. Zugleich ließ er unvermerkt ein kleines Blatt in
ihren Schooß fallen, worauf sie die Aufschrift ihres Briefes
an Don Juan Chacon erkannte. Sie sah sich nach ihrer
Dienerin um, diese winkte ihr bejahend zu; sie hatte den
Ritter trotz seiner Verkleidung schon erkannt. Morayzela er-
wiederte daher: da ihre Ritter so lange zögerten und nicht
zu kommen schienen, so nehme sie gern die ehrenvolle Hülfe
so tapfrer Krieger an. Der Türke entfernte sich hierauf mit
einer zweiten Verbeugung, schwang sich aufs Pferd, und ritt
auf Muzas Wort mit den drei übrigen in die Schranken,
während auf der andern Seite auch die vier Zegri hinein-
gelaßen wurden.

Der Grund, warum Don Juan und seine Freunde diese
Verkleidung gewählt hatten, war theils die größere Sicherheit bei dem Zuge durch das granadische Gebiet, theils die

gänzliche Geheimhaltung des Abenteuers. Er hatte zuerst nach seinem zurückhaltenden Ernste die Sache Niemandem anvertrauen wollen. Doch, da bei einem Gespräch mit dreien der berühmtesten Ritter, Don Manuel Ponce de Leon, Don Alonzo de Aguilar (demselben, der nach der Eroberung von Granada in einem Gefecht gegen die mohrischen Empörer auf dem Alpurarras umkam) und Don Diego de Cordova, das Schicksal der Sultanin, wovon das Gerücht viel erzählte, beklagt ward, und einer und der andre äußerte, wäre sie nur Christin, so würde es einem spanischen Ritter anstehen für sie zu fechten; so eröffnete Don Juan den übrigen, die Sultanin sei zum heiligen Glauben der Kirche bekehrt, zeigte ihren Brief und offenbarte seinen Entschluß. Man vereinigte sich mit ihm zu der Unternehmung; nur war der allgemeine Zweifel, ob der vorsichtige König auch darein willigen werde. Sie wurden also eins, da gerade jetzt ein Stillstand im Kriege war, sich unbemerkt und ohne Urlaub zu entfernen. Ohne einen Schildknappen, nur mit einigen Lebensmitteln und einer türkischen Tracht in ihren Mantelsäcken, machten sie sich auf den Weg. Im Walde Roma auf der Gränze des Königreichs, ruhten sie einen Tag aus, wechselten die Kleidung und bargen die Mantelsäcke an einem abgelegenen Orte. Ihre Unkunde des Weges verursachte am andern Tage ihre verspätete Ankunft.

Der vierfache Kampf war langwierig und blutig; von beiden Seiten geschahen unglaubliche Anstrengungen. Die Zegri fochten wie Verzweifelte, aber nicht mit der gewohnten Geschicklichkeit in Führung der Waffen, sei es nun, daß die Vorwürfe ihres Gewißens, oder die unerwartete Erscheinung der fremden, wie es schien, vom Himmel gesandten Gegner sie irrte. Keiner von den Spaniern blieb unverletzt, aber

16*

endlich wurden die Zegri einer nach dem andern durch tödtliche Wunden wehrlos gemacht, und hatten noch Zeit, ehe
sie verschieden, ihre schändliche Lüge zu bekennen.

Schmetternde Trompeten und Zinken und das Jubeln
der Menge verkündigten die Freisprechung der Königin, erst
auf dem Platze Bivarambla, dann durch die ganze Stadt.
Muza ließ die Ritter in sein Haus bringen, und es mit
einer starken Wache besetzen, weil er befürchtete, die übrigen
Zegri möchten etwa einen mörderischen Anfall auf die fremden Kämpfer wagen. Wer vermöchte die freudige Dankbar-
keit der Königin zu beschreiben, womit sie zu den Rittern hin-
eintrat, sobald ihre Wunden besorgt waren? Allein wie
betroffen war sie, als sie erfuhr, daß sie, statt sich von ihr
bis zur völligen Genesung verpflegen zu laßen, schon am nächsten Morgen wieder fortreiten wollten, um sich wieder am
Hoflager einzufinden, ehe ihre Abwesenheit bemerkt würde!
Da alle ihre Bitten nichts gegen diesen Entschluß ausrichte-
ten, so bewog sie wenigstens jeden der Ritter, einige Kost-
barkeiten von ihr mitzunehmen, und hoffte ihnen nicht für
immer Lebewohl sagen zu müßen.

Sobald es geschehen konnte, richtete sie ihren Vorsatz,
zu den Christen überzugehen, ins Werk. Die Königin Isa-
bella empfieng sie auf das Liebreichste, und gab ihr bei der
Taufe den Namen Donna Isabel de Granada. Sie ver-
mählte sich mit einem spanischen Edeln; es wird nicht bestimmt angegeben, mit wem: doch läßt sich vermuthen, daß
es einer ihrer Befreier gewesen. Esperanza fand ihre Mutter zwar am Leben, aber in großer Bekümmerniß. Sie hatte
sich, um das Gelübde an ihrer Tochter Statt zu erfüllen,
selbst in das Kloster begeben, wo diese eingekleidet werden
sollte. Hier vereinigte sich Esperanza wieder mit ihr, und

sie lebten stille, glückliche Tage. Donna Isabel besuchte sie öfters daselbst: nie erlosch die innigste Freundschaft zwischen ihnen. Nach der Eroberung von Granada, welche nicht lange darauf erfolgte, sahen sie auch Zelima wieder, die sich mit Muza vermählt und ihn bewogen hatte, zum christlichen Glauben überzugehen.

Den schuldigen Abu Abdallah schien seitdem sein übriges Leben hindurch ein Unstern zu verfolgen. Man kennt aus der Geschichte die Begebenheit des Krieges, wodurch der Herrschaft der Mohren in Spanien ein gänzliches Ende gemacht wurde. Man weiß, welche immer nützliche, oft zweideutige, ja sogar erniedrigende Rolle Abu Abdallah während desselben spielte; wie er sein Verderben selbst beschleunigte; wie seine Mutter, als er wehklagend auf die verlorne Herrlichkeit zurücksah, ihm vorwarf, er weine wie ein Weib um das Reich, das er nicht wie ein Mann zu vertheidigen gewußt; und wie er unter den Mohren in Afrika einen frühen gewaltsamen Tod fand*).

---

*) Der Stoff dieser Erzählung ist aus der Historia de las guerras civiles de Grenada por Gines Perez entlehnt, welche man unter uns schon aus den darin vorkommenden Romanzen kennt, die Herder in seinen Volksliedern zum Theil übersetzt hat. Den Ton und Stil des Originals kann man aus einem übersetzten Fragment in Bertuchs Magazin der spanischen und portugiesischen Litteratur I. B. S. 275. u. f. kennen lernen. Der historischen Glaubwürdigkeit des Buchs scheint aber dort in einer Vorerinnerung gegen des Litterators der spanischen Geschichte, Doct. Nicol: Antoni, Beschuldigung, diese angebliche Geschichte sei nur ein Roman, zu viel eingeräumt zu werden. Vieles darin ist zwar unstreitig historisch treu erzählt; der Verfasser beruft sich dabei auf spanische Geschichtschreiber, oder auch auf alte Romanzen, welche wenigstens so zuverläßige

Quellen sind, als Volkssagen es sein können. Ein großer Theil des Erzählten hingegen muß schon nach der Beschaffenheit des Stoffes für Dichtung gehalten werden. Es wird umständlich geschildert, was jeder Ritter und jede Dame bei all den Festen für Kleidung und Putz getragen, wie bei den Zweikämpfen jeder Hieb oder Stoß geführt worden, wie die Verliebten, die hier in großer Anzahl sind und sich alle auf das Vollkommenste ähnlich sehen, geseufzt und gesprochen nicht nur, sondern auch was sie bei jeder Gelegenheit empfunden haben. Alles dieß sind offenbare Ritterbuchsgemeinplätze, und der Verfaßer verweilt mit seiner naiven und populären Weitschweifigkeit nur zu oft auf der Gränze, wo Einfalt in Albernheit übergeht. Er zeigt hingegen einen männlicheren Geist, so oft er öffentliche Begebenheiten darstellt. Als seine Hauptquelle nennt er an vielen Stellen das Buch eines Arabers Aben Hamin: doch übersetzt er es keineswegs wörtlich; denn er führt oft spätere spanische Geschichtschreiber an, mischt auch vieles zur Ehre des katholischen Glaubens ein, was Aben Hamin (der nicht, wie Magazin S. 293. in der Note vermuthet wird, ein zum Christenthum bekehrter Mohr war, sondern wie G. Perez im 17. Kap. ausdrücklich sagt, nach der Eroberung von Granada nach Afrika übergieng, zu Tremecen lebte, und also mohamedanisch gesinnt blieb) unmöglich geschrieben haben konnte. Ja, er fällt einige Mal ziemlich ungeschickt aus dem Kostüm. Mit dem arabischen Buche hat es überhaupt eine eigne Bewandniß. Ein Jude, erzählt Gines Perez, erhielt es von einem Enkel des Verfaßers, übersetzte es zu seinem Vergnügen ins Hebräische, und schenkte das Original dem Grafen von Baylen, Don Rodrigo Ponce de Leon. Dieser, weil sein Großvater Don Manuel rühmlich erwähnt wurde, war begierig den Inhalt recht zu wißen, und ließ es von eben dem Juden ins Kastilianische übersetzen, und theilte es darauf dem Verfaßer der Hist. de las guerras etc. mit. Es ist nicht recht deutlich, ob der Graf ihm das Original oder die spanische Uebersetzung gegeben habe. Er scheint selbst zu befürchten, das gänzliche Stillschweigen des Sekretärs und Geschichtschreibers des Königs Ferdinands des Katholischen, Hernando del Pulgar, über das Abenteuer der vier Ritter möchte seiner Glaubwürdigkeit schaden, und sucht es dadurch zu erklären, daß jene auch nachher das Geheimniß über den Zweikampf beobachtet (wozu sie doch schwerlich einen

Grund haben konnten); dem Mohren Aben Hamin habe es die Sultanin selbst unter dem Siegel der Verschwiegenheit vertraut. Von
Pulgar sagt er: Y si algo destas cosas supó y entendió no puso la
pluma en ello, por estar ocupado en otras cosas tocantes los Ca-
tolicos Reyes. Es schien mir also um so eher erlaubt, die Geschichte auf meine Weise zu behandeln, nicht nur sie abzukürzen und
anders zu stellen, sondern auch Nebenumstände zu erfinden, um ihr
mehr Zusammenhang und innre Wahrscheinlichkeit zu geben. In
allem, was irgend historisch bedeutend scheinen könnte, habe ich mich
an meine Quellen gehalten.

Aus dem Portugiesischen.

Camoens.

Die Zwölf von Engellande.

Lusiaden. Sechster Gesang.

Das Geschwader des Vasco de Gama ist schon an der jenseitigen afrikanischen Küste von Melinde abgesegelt. Bacchus, der Feind der portugiesischen Seehelden, hat eine Versammlung der Götter des Meeres berufen, und sie bewogen, der Herrschaft jener über ihr Gebiet durch einen vernichtenden Sturm vorzubeugen.

Die Geschichte der Zwölf von Engellande wird von portugiesischen Geschichtschreibern mit Nennung aller Namen und genauer Angabe der Umstände berichtet, und hat unter so vielen ähnlichen Waffenproben der damaligen Zeiten gar nichts Unwahrscheinliches. Der Herzog von Lancaster ist übrigens der uns aus dem Shakspeare so wohl bekannte Johann von Gaunt, und der englische König kann kein andrer als Richard II. gewesen sein.

38.

Indes in feuchter Tiefe Rath gepflogen
Von Diesen ward, verfolgt in ebnem Gleise
Die wackre müde Flotte durch die Wogen
Bei stillem Wind und Meer die lange Reise.

Es war die Zeit, wo sich der Tag entzogen
Mit seinem Licht des Ostens halbem Kreise;
Die von der ersten Wache giengen schlafen,
Und weckten Andre, wie die Reih'n sie trafen.

39.

Die kommen halb nur wach, und überwinden
Den Schlaf mit Müh, indem sie häufig gähnen.
Man sieht sie schlecht bedeckt vor rauhen Winden
Sich hin und wieder an die Stangen lehnen;
Die offnen Augen wollen noch erblinden,
Indes sie reibend ihre Glieder dehnen:
Sie suchen Mittel vor dem Schlaf, berichten
Sich tausend Fälle, mancherlei Geschichten.

40.

Was dient, spricht einer, beßer zu verschmerzen
Die läst'ge Stunde, hier uns auferleget,
Als wie ein lustig Märchen, das mit Scherzen
Den schweren Schlaf zur Munterkeit erreget?
Drauf sagte Leonardo, der im Herzen
Gedanken eines Treuverliebten heget:
Was giebt's, womit man sich die Zeit vertriebe,
Für beßere Geschichten, als von Liebe?

41.

Nein, spricht Velloso, nicht für billig halt' ich
Zu tändeln unter so viel Rauhigkeiten.
Der Schifffahrt Mühen, die so mannichfaltig,
Erdulden Liebe nicht, noch Zärtlichkeiten;

Vielmehr von Kriegen hitzig und gewaltig
Laßt uns erzählen: denn ein hartes Streiten
Wird unser Leben, wie ich denke, werden;
So sagen mir's die kommenden Beschwerden.

42.

Sie stimmen All' ihm hierin bei, und wollen
Daß nur Velloso, was ihm gut dünkt, wähle.
Ich will's, und so, daß sie nicht tadeln sollen,
Spricht er, als ob ich fabelhaft erzähle;
Und daß zu Thaten, die so weit erschollen,
Ich meine Hörer um so mehr beseele,
Von Eingebornen zwar aus unserm Lande:
Und diese sei'n die Zwölf von Engellande.

43.

Als unsers Reiches Zügel leicht zu halten
Johann *), des Pedro Sohn, das Glück bescherte,
Nachdem er frei und ruhig es erhalten
Vor seines Nachbarn Macht, die ihn beschwerte:
Damals im großen England, das von kalten
Schneeflocken nordlich starret, sät' und mehrte
Erinnys wild der Zwietracht böse Pflanze,
Zu unsers Lusitaniens höherm Glanze.

44.

An Englands Hofe zwischen edlen Frauen
Und Herren hatt' es einst sich zugetragen,

---

*) Johann I.

War es nun Meinung, war es Selbstvertrauen,
Daß sich ein Zwist erhob mit heft'gen Klagen.
Die Höflinge, die leicht sich was getrauen
Und kecke Worte fallen laßen, sagen,
Sie wollen darthun, daß nicht Ruf noch Namen
In solchen Damen sei, zu heißen Damen.

45.

Und wäre jemand, der für ihre Rechte
Sich stellen wollt' etwa, mit Lanz und Degen,
In Schranken oder offenem Gefechte,
So woll'n sie ihn mit schnöder Schmach erlegen.
Der Frauen Schwachheit, da man sich erfrechte
So ungewohnten Schimpf auf sie zu legen,
Und sie von Kräften sich entblößt sah, wandte
Um Hülfe sich an Freund' und an Verwandte.

46.

Weil aber groß und mächtig in den Reichen
Die Feinde sind, will keiner sich bequemen,
Verwandte, brünstige Verliebt' ingleichen,
Die Damen nach Gebühr in Schutz zu nehmen.
Mit schönen Thränen, und die wohl erweichen
Den Himmel könnten, daß die Götter kämen
Zu schirmen Bildniße von Alabaster,
Gehn alle hin zum Herzog von Lancaster.

47.

Dieß war ein mächt'ger Herr, der einst gefochten
Wider Kastilien mit den Portugiesen,

Wo sie Gefährten ihm, was sie vermochten
Durch hohen Muth und guten Stern, bewiesen.
Auch hatt' er, welche Siege Lieb' erfochten
In diesem Lande, damals schon gepriesen,
Da seine Tochter zwang ein Herz im Stahle,
Gewählt vom tapfern König zum Gemahle.

48.

Er, der nicht beistehn will auf ihre Bitten,
Damit nicht innrer Zwiespalt mög' entstehen,
Sagt ihnen: Als ich für mein Recht gestritten
An das iber'sche Reich, jenseits der Seen,
Hab' ich der Lusitanier edle Sitten,
Beherzten Muth, und göttlich Thun gesehen;
Sie einzig könnten euer Abenteuer,
Glaub ich gewiß, bestehn mit Schwert und Feuer.

49.

Und mag's, gekränkte Damen, euch belieben,
Will ich für euch Gesandten an sie richten,
Mit Briefen, höflich und geschickt geschrieben,
Von eurer Kränkung sie zu unterrichten.
Doch eurer Thränen Sache sei betrieben
Auch eurerseits mit Worten, die verpflichten,
Und Liebkosungen, weil ich ein mir bilde,
Ihr findet Beistand dort und feste Schilde.

50.

So räth der Herzog ihnen, wohlerfahren,
Nennt tapfre Zwölf, bewährt in manchen Fällen,

Und da der Damen auch nur zwölfe waren,
So heißt er sie ein Loofen anzustellen,
Um jeder Einen sicher zu bewahren.
Da sie nun wußten ihre Kampfgesellen,
Schrieb jede gleich dem ihren nach Gefallen,
All' ihrem König, und der Herzog Allen.

51.

Der Bot' ist schon nach Portugal gekommen,
Den Hof entzückt das was er vorgetragen.
Der hohe König hätt' es unternommen,
Doch mußt' er es der Majestät versagen.
Die Hofherrn alle sind vom Trieb entglommen
An dieses Abenteuer sich zu wagen,
Und in des Glückes Gunst scheint nur zu stehen
Wen sie genannt schon von dem Herzog sehen.

52.

Dort in der treuen Stadt, wo nach der Sage
Der ew'ge Name Portugals entstanden,
Ein leichtes Holz zu rüsten, das sie trage,
Hieß, der dem Steur des Reiches vorgestanden.
Die Zwölf bereiten sich nur kurze Tage
Mit Waffen und mit neuen Prachtgewanden,
Mit Helmen, Büschen, Sprüchen und Livreien,
Mit Pferden und vielfarb'gen Stickereien.

53.

Beim König hatten Abschied schon genommen,
Um vom berühmten Douro abzufahren,

Die sämmtlich, so geladen hinzukommen
Vom englischen erfahrnen Herzog waren.
Kein Unterschied ward sonsten wahrgenommen
An Stärk' und Kunst in diesen Ritterscharen;
Nur Einer war, der sich Magriço nannte,
Der so sich zu dem tapfern Haufen wandte:

54.

Seit lange schon, ihr tapfersten Genoßen,
Begehr' ich fremde Länder zu durchreisen,
Zu sehn, was Douro, Tajo nicht umfloßen,
Verschiedne Völker und Gesetz' und Weisen.
Nun, da der Zugang mir sich aufgeschloßen,
Weil man so weit die Erde kann umkreisen,
Geh' ich, wenn ihr's erlaubt, allein zu Lande:
Ich bin mit euch zugleich in Engellande.

55.

Und wenn es denn sich träfe, daß das Letzte,
Was aller Dinge Ziel, mir sollte wehren,
Bei euch zu sein am Tage, den man setzte,
So werdet ihr mich wenig nur entbehren.
Ihr thut für mich was ich mein würdig schätzte;
Doch wenn die Ahndungen mich Wahrheit lehren,
So werden Flüße, Berge, sammt dem Neide
Des Glücks' nicht machen, daß ich dort euch meide.

56.

Die Freund umarmet er bei diesen Worten,
Nimmt Abschied und begiebt sich fort am Ende,

Durchzieht Leon, Kastilien, sammt den Orten,
Die einst erobert vaterländsche Hände;
Navarra, dann Pyrenes steile Pforten,
Hispaniens hier, dort Galliens Scheidewände;
Eilt, Frankreichs Herrlichkeiten zu durchwandern,
Und kommt zum großen Hafenplatz in Flandern.

57.

Indes er hier, sei's nun mit Fleiß geschehen,
Sei's Zufall, viele Tage sich verweilet,
Ward schon die kalte Flut der nordschen Seen
Von der glorreichen Zahl der Eilf getheilet.
Wie sie an Englands fremder Küste stehen,
Sind alle gleich auf London zugeeilet;
Vom Herzog froh bewirthet, wie sie kamen,
Bedient und aufgemuntert von den Damen.

58.

Es ist nunmehr zum anberaumten Streite
Mit den zwölf Englischen der Tag erschienen;
Schon gab der König ihnen das Geleite:
Sie waffnen sich mit Helmen, Panzern, Schienen.
Im Waffenblitz will auf der Damen Seite
Der Portugiesen wilder Kriegsgott dienen,
Indessen die in Farben sich und Seiden,
Mit Gold und mit Juwelen prangend, kleiden.

59.

Die aber, der zum Looße war gefallen
Magriço, der nicht kam, bezeugt ihr Grämen

Mit düstrer Tracht, da keiner unter allen
Ihr Ritter heißet bei dem Unternehmen,
Wiewohl die Eilf, es so zum Wohlgefallen
An Englands Hof zu end'gen, auf sich nehmen,
Daß man den Sieg der Damen soll erkennen,
Ob zwei bis drei der Ihren auch sich trennen.

60.

Auf hoher öffentlicher Bühn' erscheinet
Der König schon, vom ganzen Hof umgeben,
Zu drei und drei, und vier und vier vereinet
Stehn sie, wie sie das Looß geordnet eben.
Von Thule bis nach Baktrien bescheinet
Die Sonne nicht von kühnerm Muth und Streben
Zwölf andre, wie die Englischen sich wiesen
Im Felde wider die eilf Portugiesen.

61.

Beschäumend kau'n der goldnen Zügel Stangen
Die Rosse, die in Wildheit schon entbrannten.
Die Sonne, von den Waffen aufgefangen,
Blitzt hell, wie auf Kryftall und Diamanten.
Doch wie die Blicke beider Schar durchdrangen,
Ungleichheit der Partein sie bald erkannten,
Der Eilfe gegen zwölf: als frohes Toben
Und Jauchzen ward von allem Volk erhoben.

62.

Es kehrt sich jeder hin, von wo verbreitet
Der Anlaß des Tumults sich scheint zu regen.

Sieh da! ein Ritter kommt, zum Kampf bereitet
Mit Roß und Waffen, kriegerisch verwegen,
Spricht mit dem König und den Damen, reitet
Den Eilfen zu: Magriço ist's, der Degen;
Als Freund' umarmt er seine Kampfgefährten,
Die traun in der Gefahr ihn nicht entbehrten.

63.

Die Dame, wie sie hört, daß der sich stelle,
Der Schutz und Rettung ihrem Namen giebet,
Freut sich, und legt dort an vom Thier der Helle *)
Was schnödes Volk mehr als die Tugend liebet.
Nun giebt das Zeichen die Trompete helle,
Das sie zu lang entflammtem Muth verschiebet;
Sie geben Sporen, laßen Zügel schießen,
Senken die Lanzen; Feuerfunken schießen.

64.

Der Pferde Stampfen will sich da erzeigen,
Der ganze Boden drunten muß erzittern;
Das Herz im Busen, unter bangem Schweigen,
Pocht jedem der da schauet nach den Rittern.
Der fliegt vom Pferde, denn er kann nicht steigen,
Der wälzt mit seinem ächzend sich auf Splittern,
Der muß mit Roth die weißen Waffen tüschen,
Der peitscht die Kroppe mit des Helmes Büschen.

---

*) Vom Widder des goldnen Bließes; sie kleidet sich in Goldstoff, oder mit goldnen Zierraten.

65.

Da ward wohl einem ew'ger Schlaf zum Lohne,
Er wechselt Tod und Leben wie Gedanken.
Hier ohne Reiter läuft ein Roß, und ohne
Sein Roß muß dort zu Fuß der Reiter wanken.
Es fällt der engelländsche Stolz vom Throne,
Denn drei bis vier trägt man schon aus den Schranken.
Mehr giebts zu thun wo sie nun Degen schwingen,
Als bloß mit Harnisch, Schild und Panzerringen.

66.

Viel Worte machen, um euch herzunennen
Die Zahl von grimm'gen Stößen, harten Streichen,
Ziemt jenen Zeitverschwendern, die wir kennen,
Die Träum' erzählen aus den Fabelreichen.
Genug, daß sich die Kämpfer endlich trennen,
So daß nach hohen Proben, ohne Gleichen,
Den Unsern bleibt die Palme der Victorie,
Die Damen Siegerinnen, und mit Glorie.

67.

Mit Freud' und Jubel nimmt in die Palläste
Der Herzog auf die Zwölfe nach dem Streiten.
Die Köch' und Jäger müßen für die Gäste
Der holden Schar der Damen viel bereiten,
Denn den Befreiern wollen tausend Feste
Sie geben, alle Tag' und Tageszeiten,
So lang sie weilen noch in Engellande,
Bis heim sie gehn zum süßen, lieben Lande.

68.

Doch da Magriço noch, den großen, lüstet
Nach großen Dingen Länder zu durchwandern,
So, sagt man, blieb er dort, und bot gerüstet
Zu wicht'gem Dienst der Gräfin sich von Flandern.
Und da er nicht sich wie ein Neuling brüstet,
Wo du, Mars, einen mißest mit dem andern,
Muß ihm im Feld erliegen ein Franzose,
Mit des Torquatus und Corvinus Loose *).

69.

Ein Andrer von den Zwölf hat sich begeben
Nach Deutschland, wo er wilden Kampf bestehet
Mit einem Deutschen, der ihm nach dem Leben
Mit unerlaubten falschen Listen stehet.
Velloso schließt so die Erzählung eben,
Man dringt in ihn, warum er übergehet
Magriços Abenteur, den Sieg des Helden,
Warum er das von Deutschland nicht will melden.

70.

Doch wie sie lauschend noch sein Wort beachten,
Sieh da! der Bootsmann, der auf's Wetter paßte,
Bläst seine Pfeife: bei dem Laut erwachten
Die Schiffer alle, wo auch jeder raste.
Er heißt, weil Winde frischer auf sich machten,
Die Bramen einziehn von dem Topp am Maste.

*) Zwei Römer, die beide einen glücklichen Zweikampf gegen
Gallier gefochten hatten.

Seid munter! ruft er zu dem Schiffervolke,
Der Wind schwillt an von jener schwarzen Wolke.

71.

Noch waren nicht die Bramen eingezogen,
So fährt der Sturm gewaltig rasch hernieder.
Zieht ein! schrie laut der Bootsmann durch die Wogen,
Zieht ein! schrie er, das große Segel nieder!
Die zorn'gen Winde kommen angeflogen.
Eh sie noch einziehn, stoßen wild dawider,
Und reißen es in Stücke mit Getöse,
Als ob der Bau der ganzen Welt sich löse.

Sonette.

1.

Wahrheit, Vernunft, Lieb' und Verdienst gereichen
　　Jedem Gemüth zur Ruh und muth'gem Streben;
　　Jedoch Glück, Zufall, Zeit, Geschick erheben
　　Sich herrschend in der Welt verwirrten Reichen.

Viel tausend Fälle kann der Sinn vergleichen,
　　Und weiß nicht, welchen Grund dafür zu geben;
　　Doch weiß er, daß, was über Tod und Leben,
　　Der menschliche Verstand nicht kann erreichen.

Gelehrte können hohe Schlüße machen,
　　Doch mehr bewährt sich die Erfahrung feste,
　　Drum ist es beßer, wenn man viel gesehen.

Geschehne giebt's und nichtgeglaubte Sachen,
　　Und giebt geglaubte, welche nicht geschehen:
　　An Christus glauben aber ist das Beste.

Sonette.

II.

Jakob war sieben Jahr' als Hirt verdungen
  Bei Laban, Rahels Vater; doch sein Dienen
  Galt nicht den Vater, sollt' ihm bloß verdienen
  Die schöne Bäurin, der er nachgerungen.

Das Zögern mancher Tage ward bezwungen
  Durch Hoffnung Eines Tags; da der erschienen,
  Brach schlau den Bund der Vater zwischen ihnen,
  Für Rahel ward ihm Lea aufgedrungen.

Der traur'ge Hirt sah was ihm widerfahre,
  Wie List ihm seine Hirtin nicht gewähre,
  Als ob sie immer unverdient noch bliebe;

Begann zu dienen andre sieben Jahre,
  Und sprach: Ich diente mehr, wenn nur nicht wäre
  So kurz das Leben für so große Liebe.

Kleine Gedichte.

I.

Woraus Liebe keimet,
Wer es könnt' erspähen,
Um sie auszusäen.

Lieb' und ihre Plagen
Baut' ich emsiglich;
Liebe säet' ich,
Trug hat sie getragen.
Nie in meinen Tagen
Sah ich jemand säen
Und dasselbe mähen.

Blühend im Gefilde
Sah ich sich. erheben
Dornen, hart dem Leben,
Nur den Augen milde.
Mit dem armen Wilde
Dem solch Kraut ersehen,
Ist es bald geschehen.

Was ich that auch immer,
Ward umsonst versucht.

Sät' ich gute Frucht,
Wucherte sie schlimmer.
Liebe sah ich nimmer
Lange Zeit bestehen
Und der Noth entgehen.

ll.

Als ihn eine Dame, Dos Anjos*) mit Namen, Teufel genannt hatte.

Weil ihr mit so üblem Namen
Mich, Senhora, habt empfohlen,
Mög' euch denn der Teufel holen.

Wer hat je gehört, gelesen,
Daß, wer in der Hölle lebte,
Auf mit den Gedanken strebte
Und im Himmel trieb sein Wesen?
Aber da ihr mir erlesen
Solchen Namen, unverholen,
Mög' euch dieser Teufel holen.

Wohl, Senhora, nenn' ich mich
Ganz verloren ohne Zweifel;
Doch den Engeln will der Teufel
Nicht so herzlich wohl wie ich.
Nimmer also paßt es sich,
Oder wollt ihrs wiederholen,
Sei es nur, um euch zu holen.

─────────

*) D. h. von den Engeln; doch bedarf es dieser Angabe des
Namens der Dame nicht, um das Gedicht vollkommen passend zu
finden.

Habt ihr bang ein Kreuz geschlagen
Vor dem Engel, nicht des Lichts,
Gegen diesen hilft es nichts,
Den ihr selbst daran geschlagen.
Wenn ich, um mein Glück zu wagen,
Mich als Teufel hergestohlen,
Hütet euch vor meinem Holen.

Weil ihr denn so weit gegangen,
Bitt' ich mit gefaltnen Händen
Meinen Gott es so zu wenden,
Dieser Teufel mög' euch fangen.
Und dieß ist kein stolz Verlangen:
Weil ihr mir dieß Amt befohlen,
Nehm' ichs an, um euch zu holen.

III. *)

Innen trag' ich meine Pein,
Außen giebt sie keinen Schein.

Meine neuen süßen Plagen
Sind den Menschen unsichtbar,
Nur die Seele nimmt sie wahr,
Denn der Leib darf es nicht wagen.
Wie der Funke, nicht geschlagen,
Sich verbirgt im Kieselstein,
Trag' ich innen meine Pein.

---

*) Das Original ist spanisch, wie verschiedne von den kleinen
Gedichten des Camoens.

IV.

Dort zu der Galeere,
Mutter, geh' ich hin,
Mit dem Schifferjungen
Werd' ich Schifferin.

So hat mir bezwungen
Jener Schalk den Sinn:
Für den Schifferjungen
Werd' ich Schifferin.

V.

Aus dem Englischen.

Shakspeares Macbeth.

(Fragment.)

Erster Aufzug. Erste Scene.

Ein freier Platz. Donner und Blitz. Drei Hexen treten auf.

Erste Hexe.
Sagt, wann ich euch treffen muß:
In Donner, Blitz oder Regenguß?
Zweite Hexe.
Wann der Wirrwar ist zerronnen,
Schlacht verloren und gewonnen.
Dritte Hexe.
Noch vor Untergang der Sonnen.
Erste Hexe.
Wo der Platz?
Zweite Hexe.
Der Heide Plan.
Dritte Hexe.
Da woll'n wir dem Macbeth nahn.
Erste Hexe.
Ich komme, Murner.
Alle.
Molch ruft auch; — sogleich!

Schön ist wüst, und wüst ist schön.
Wirbelt durch Nebel und Wolkenhöhn!
Sie verschwinden.

Zweite Scene.

Ein Lager bei Fores. Getümmel hinter der Scene. Der König Duncan, Malcolm, Donalbain, Lenor, nebst Gefolge
treten auf. Sie begegnen einem verwundeten Soldaten.

Duncan.

Wer ist der blut'ge Mann? Er kann berichten,
So scheint's nach seinem Aussehn, wie's zuletzt
Um die Empörung stand.

Malcolm.

Dieß ist der Hauptmann,
Der, kühn und mannhaft, mich zu lösen focht
Aus der Gefangenschaft. Heil, tapfrer Freund!
Sag was du weißt dem König vom Gefecht,
Wie du's verließest.

Soldat.

Zweifelhaft noch stand es,
Wie ein erschöpftes Schwimmerpaar, sich packend,
Die Kunst erdrückt. Der grausame Macdonwald
(Werth ein Rebell zu sein; denn um ihn schwärmen
Die wucherhaften Tücken der Natur
Zu solchem Thun) hatt' aus den Inseln westwärts
Der Kern' und Gallowglasse Schar geworben;
Fortuna, lächelnd diesem schnöden Kampf,
Schien eines Meuters Hure. Doch umsonst!
Der tapfre Macbeth — er verdient den Namen, —
Fortunen höhnend, mit gezücktem Stahl,

Der in des Blutgerichts Vollziehung dampfte,
Als Busenfreund der Ehre, schlug sich durch,
Bis er den Schurken traf:
Bot keinen Handdruck, sprach kein Lebewohl,
Bis er vom Nacken bis zum Kinn ihn durchhieb,
Und seinen Kopf auf unsre Zinnen steckte.

Duncan.

O tapfrer Vetter! würdiger Vasall!

Soldat.

Wie dorther, wo der Sonne Lauf beginnt,
Wohl Sturm und Wetter, schiffzertrümmernd, losbricht,
So aus dem Brunnquell, der uns Heil verhieß,
Schwillt Unheil an. Merk, Schottenkönig, merk!
Kaum zwang das Recht, mit Tapferkeit bewehrt,
Die hurt'gen Kerne, Fersengeld zu zahlen,
Als der Norweger Fürst, den Vortheil spähend,
Mit blanken Waffen, frisch geworbner Schar
Aufs Neue Kampf begann.

Der Refrain in dem Hexengesange.

Mischt, ihr alle! mischt am Schwalle!
Feuer, brenn', und Keßel, walle!

VI.

Aus dem Französischen.

Aus dem Französischen.

Racines Esther. Akt II. Scene 7.

Ahasverus.

Geliebte, glaube mir, dieß Scepter, diese Größe,
Dieß Schrecken, das ich rings in die Gemüther flöße,
Umgiebt mit wenig Lust des Pompes reichen Sitz,
Und es ermüdet oft ihr trauriger Besitz.
Ich find' in Dir allein ich weiß nicht welche Reize,
Die immer neu mir sind, wonach ich immer geize.
O süßer, mächt'ger Zug der holden Tugend, du!
Aus Esther athmet nur die Unschuld und die Ruh.
Vom schwärzesten Verdruß kann sie die Nacht verjagen,
Und macht mir heitre Tag' aus meinen trübsten Tagen.
Was sag' ich? Seh' ich dich bei mir auf diesem Thron,
Dann fürcht' ich weniger feindsel'ger Sterne Hohn.

Anhang.

Die Einsiedelei des Kandu,

nach dem Brahma-Purana, einer epischen Dichtung aus dem höchsten Alterthum.

Eine akademische Vorlesung

von

Hrn. von Chézy.

Vorerinnerung A. W. v. Schlegels.

Mein gelehrter Freund, Hr. von Chézy, hat mir erlaubt, den folgenden Aufsatz, welcher von ihm, als Mitgliede der dritten Abtheilung des königlichen Instituts, in einer öffentlichen und außerordentlichen Versammlung der vier Akademien vorgelesen worden, und bisher noch nicht im Druck erschienen ist, in einer Uebersetzung dem Publikum mitzutheilen; und ich bin gewiß, meinen Lesern ein sehr angenehmes Geschenk damit zu machen. Hr. von Chézy vereinigt in einem seltenen Grade mit tiefer und umfaßender Sprachkunde die Gabe einer zierlichen und gewählten Schreibart in seiner Muttersprache, und ist daher vorzüglich dazu berufen, als Vermittler zwischen dem Geiste der orientalischen Poesie und den Forderungen des europäischen Geschmacks aufzutreten. Schon vor einer Anzahl Jahre bewährte er

dieſes Talent in ſeiner anmuthigen Nachbildung des perſiſchen
Romans Meinun und Leila, welche von allen Kennern mit
dem gröſten Beifall aufgenommen wurde. Seit geraumer
Zeit beſchäftigt er ſich mit dem Ramayana, und wir ſehen
mit Ungeduld der Vollendung ſeiner eben ſo gründlichen
als geſchmackvollen Arbeit über dieſes wichtige Werk entgegen, wovon ſich nach zwei kleinen Proben, dem Tode des
Yajnadattas, und dem Kampfe des Lakſhmanas mit dem Rie-
ſen Atikayas, die Erwartung hegen läßt, daß ſie die des Sanskrit unkundigen Leſer auf die anziehendſte Weiſe mit dem
Geiſte und Inhalte des vortrefflichſten unter den alten Sagen-
gedichten Indiens bekannt machen, und zugleich den Gelehrten eine Fülle von Aufklärungen über den Zuſammenhang
und die Bedeutung der brahmaniſchen Mythologie liefern wird.

Die folgende Dichtung, aus einem unter den Hand-
ſchriften der königlichen Bibliothek zu Paris befindlichen und
noch nicht ans Licht gezogenen Sagengedichte geſchöpft, bedarf keiner Empfehlung bei den Freunden des Schönen;
und die geſtrengeren Sittenrichter wird ihre Anmuth vielleicht
entwaffnen, eben wie es jenem Einſiedler der Vorwelt gieng.
Wiewohl als Epiſode einem größeren Ganzen eingeflochten,
iſt ſie für ſich abgerundet und vollendet. Es finden ſich
manche ähnliche Erzählungen, deren eine ich nächſtens meinen Leſern vorzulegen gedenke. Die Gefahren und Störun-
gen, welche für das beſchauliche Leben aus den Bezauberungen der Liebe erwachſen, ſind ein Lieblingsgegenſtand der
indiſchen Poeſie; aber die folgende Behandlung des Gegen-
ſtandes iſt ohne Zweifel eine der ausgezeichnetſten.

·

Einleitung.

Die griechischen Musen heißen an diesem Tage ihre Schwestern vom Ganges willkommen; sie unterbrechen die gelehrten Harmonien ihrer Leier, um den vielleicht etwas flüchtigen Akkorden der indischen Laute ein günstiges Gehör zu gönnen.

Indem ich ein Band der Verwandtschaft zwischen den Musen des Helikon und denen vom Berge Meru anerkenne, indem ich den Namen Schwestern ausspreche, glaube ich schon tausend Stimmen zu vernehmen, welche sich gegen eine solche Behauptung, gegen die Möglichkeit eines solchen Vereins erheben. Lange Zeit, ich gestehe es, habe ich selbst dieses Vorurtheil gehegt; aber nach der besonnensten Prüfung, nach anhaltender Beschäftigung mit diesem Gegenstande, muß ich, ungeachtet des weiten Zwischenraums, welcher diese Völker trennt, ihre Poesie als verschwistert, und in derselben Wiege gepflegt, anerkennen: sie redet dort und hier ungefähr dieselbe Sprache, bedient sich ähnlicher Ausdrücke und Bilder, und scheint vom Einem Genius begeistert zu sein.

In der That, Keinem, der nur einige Fortschritte in der Erlernung des Sanskrit gemacht hat, können die auffallenden Uebereinstimmungen dieser reich entfalteten Sprache mit der griechischen und lateinischen entgehen. Diese Uebereinstimmungen zeigen sich nicht bloß in einzelnen Wörtern, sondern in dem innersten Bau der Sprachen selbst: sie können nicht die Wirkung des Zufalls sein, und führen nothwen-

diger Weife auf die Annahme eines gemeinfamen Urfprungs
der Völker, oder auf einen uralten lange fortgefeßten Ver=
kehr, der zwifchen ihnen ftattgefunden haben muß.

Die Gefchichte liefert uns freilich noch keine hinreichen=
den Andeutungen, um dieß Problem zu löfen. Aber wie
viel andere Thatfachen verhüllt die Dämmerung der fabel=
haften und heroifchen Zeiten, welche unleugbar find, wie=
wohl es bis jeßt der hiftorifchen Forfchung noch nicht gelang,
ihr volles Licht auf fie zu werfen.

Das Studium des Sanskrit, bloß für fich betrachtet,
vernichtet beinahe alle etymologifchen Syfteme, welche man
bis jeßt aufzubauen verfucht hat. Diefes Studium ift durch=
aus unentbehrlich, um unfere Forfchungen mit einiger Sicher=
heit in einem Labyrinthe zu leiten, wo man nur allzu oft
nichts als Chimären angetroffen hat. Wenn man hievon
zu dem Studium der Glaubenslehre der Indier, ihrer gottes=
dienftlichen Gebräuche, und ihrer geheiligten Sazen über=
geht: welche noch viel merkwürdigere Zufammenftellungen bieten
fich dann fogleich der Einbildungskraft dar!

Wenn wir in den Sinn ihrer metaphyfifchen Schriften
eindringen, fo glauben wir die erhabenen Betrachtungen
eines Plato zu lefen. Die Lehre von der Unfterblichkeit
der Seele ift von diefem Weifen und von andern Philofo=
phen Griechenlands nicht mit größerem Tieffinn und Scharf=
finn zugleich entwickelt worden, als von den Brahmanen
in ihren Upanifhads (geheimen Texten der Vedas), wo mei=
ftens die Gegenftände in der fokratifchen Weife unter der
Einkleidung von Gefprächen zwifchen einem Lehrer und
feinem Schüler abgehandelt werden.

Die Lehre von der Einheit Gottes, welche offenbar von
den wahren Weifen des Heidenthums erkannt worden ift,

wird gleichfalls von den indischen Philosophen behauptet,
welche das unendliche Wesen unter dem Namen Brahma
anbeten.   Die Beschuldigung der Vielgötterei, die man
ihnen gemacht hat, ist allem Anschein nach nur darauf ge=
gründet, daß sie die Attribute der Gottheit unter den Ge=
stalten des Brahma, Vishnus und Sivas personificiert haben,
um auf eine sinnliche Weise die Gewalt des Schaffens, des
Erhaltens und des Zerstörens darzustellen.

Das System des Pythagoras, wovon nur Bruchstücke
auf uns gekommen sind, findet sich in seiner Gesammtheit
in den Schriften der indischen Philosophen wieder.

Die Uebereinstimmung, welche man auf beiden Seiten
bis in die feinsten einzelnen Züge erkennt, ist so groß, daß
es sehr wahrscheinlich wird, der griechische Weise habe aus
jenen alten Büchern seine Lehre von der Seelenwanderung
geschöpft; und diese Thatsache allein ist nach unserer Meinung
hinreichend, die Wirklichkeit seiner Reise nach Indien glaub=
lich zu machen.

Sollte nicht auch ein anderer Philosoph, von welchem
man behauptet, daß er im Gefolge Alexanders des Großen
Indien bereist habe, sollte nicht Pyrrho aus seinem Um=
gange mit den Brahmanen den Keim seines berühmten Sy=
stems geschöpft haben, welches die auffallendste Ueberein=
stimmung mit einem in Indien weit verbreiteten Systeme
darbietet, worin gelehrt wurde, Alles, die Gottheit aus=
genommen, sei nur Täuschung?   Es ist noch besonders zu
bemerken, daß dieser Skeptiker in seinem ganzen Betragen
die vollkommene Gleichgültigkeit und Entsagung kund gab,
welche das beschauliche Leben der Indier bezeichnet.   Erfüllt
von dem Gedanken der Flüchtigkeit und des geringen Wer=
thes aller irdischen Dinge, führte er beständig den Spruch

Homers im Munde, wo dieser große Dichter die menschlichen Geschlechter mit verwelkten Blättern vergleicht, die ein Spiel des Windes sind; eben so wie die Gymnosophisten sich in der Vergleichung der Kürze des menschlichen Lebens mit einem Thautropfen gefallen, der an einem zitternden Lotosblatte glänzt, und in einem Augenblicke verschwindet.

Es würde leicht sein, dergleichen Zusammenstellungen zu häufen, wenn man die verschiedenen Zweige menschlicher Wißenschaft und Kunst nach einander durchgehen wollte: die Astronomie, die Mathematik, die Musik, die Poesie, sowohl die epische und dramatische, als die lyrische, die Gesetzgebung und die Sittenlehre. Es würde leicht sein zu beweisen, daß in allen diesen Fächern die Indier den Griechen nur Weniges zu beneiden haben. Aber diese Arbeit würde zu viel Zeit erfordern; ich ziehe es daher vor, nur einen flüchtigen Blick auf einige Stücke der indischen Mythologie zu werfen, deren Einerleiheit mit den griechischen Fabeln sogleich allgemein einleuchtend sein wird.

Wenn Valmiki, der Erfinder der Poesie unter diesem Volke, uns im Geiste auf den erhabenen Gipfel des Berges Meru führt, so glauben wir uns von Homer auf die Höhen des Olympus versetzt zu sehn, und dem Rathe der Götter beizuwohnen, die er uns, genährt von der himmlischen Ambrosia, mit so reizenden Farben darstellt, gerade wie die indischen Götter das Amrita oder den Trank der Unsterblichkeit genießen.

Wenn wir hier den Zeus mit seinem Blitze bewaffnet sehn, so strahlt dort dieses furchtbare Meteor in der Rechte des Indras. Das unermeßliche, mit Augen besäte blaue Gewand, das ihn bekleidet, der Regenbogen, auf den er

sich stützt, läßt in ihm sogleich das personificierte Firma-
ment erkennen.

Venus, die Mutter der Grazien, findet auch ihre
Nebenbuhlerin an der Göttin der Schönheit Lakshmi, die,
was am meisten in Erstaunen setzen muß, wie jene aus dem
Schaume des Meers hervorgegangen sein soll.

Apollo bietet eine Menge Aehnlichkeiten mit dem
Krishna dar, und vielleicht würde nicht unmöglich sein,
dergleichen zwischen den Musen und jenen Hirtinnen zu finden, welche unaufhörlich ihren Lieblings=Gott, den Schönsten der Unsterblichen, begleiten.

Was den griechischen Bacchus betrifft, so würde es
schwer sein, seine Einerleiheit mit dem indischen auf dem
Berge Meru geborenen Bacchus nicht anzuerkennen. Dieser
letzte Umstand hat die griechischen Mythologen veranlaßt, die
Fabel von seiner Geburt aus dem Schenkel Jupiters zu ersinnen, indem sie auf den Gleichlaut der Wörter Meru und
μηρός anspielten, wie es allgemein anerkannt ist.

Und Kama, der Bruder des griechischen Liebesgottes,
eben so schalkhaft, eben so anmuthig wie dieser, unter welcher reizenden Allegorie wird er uns nicht von den indischen
Dichtern dargestellt! Er ist ein liebliches Kind, das den
Frühling und den Zephyr zu unzertrennlichen Begleitern hat;
seine Waffen sind ein Bogen, aus Zuckerrohr gebildet, ein
Köcher, angefüllt mit fünf Pfeilen (nach der Zahl der menschlichen Sinne), welche scharf und in brennende Pflanzensäfte
eingetaucht sind, und deren er sich ohne Schonung bedient,
um die Herzen mit leidenschaftlicher Qual zu durchdringen:
Waffen, so schleunig wirksam wie der Blitz, deren Ziel vor
Alters einmal ein armer Einsiedler gewesen, wie uns der
Dichter Vyasas berichtet.

Aber ehe ich Ihnen den Inhalt seiner Erzählung vorlege, sei es mir erlaubt, Ihre Aufmerksamkeit für einige besondere Umstände in Anspruch zu nehmen, die den Indras betreffen, und die man nothwendig kennen muß, um den Geist dieser kleinen Dichtung gehörig zu fassen. Ich habe sie aus dem Brahma-Purana gezogen, einem Werke, welches nach der Meinung der gelehrtesten Kenner der indischen Literatur in einem eben so hohen Alterthume abgefaßt sein dürfte, als die homerischen Gesänge.

Wiewohl Indras in vielen Beziehungen dieselbe Stelle einnimmt wie der griechische Jupiter, so unterscheidet er sich dennoch darin von diesem Herrn der Götterwelt, daß sein Thron nicht auf eben so fester Grundlage ruht. Wenn Jupiter einmal Gefahr lief, durch die Titanen entthront zu werden, so gelang es ihm, sie in den Tartarus zu bannen; und seitdem er ihren verwegenen Unternehmungen durch diese Gefangenschaft ein Ende gemacht hatte, regierte er in vollkommener Sicherheit. Aber mit dem Indras verhält es sich nicht eben so, denn er kann seinen Rang als Oberhaupt der untergeordneten Gottheiten verlieren, und sich durch den unwandelbaren Brahma oder das Verhängniß genöthigt sehen, seinen Thron irgend einem Büßer abzutreten, der durch das Uebermaß frommer Selbstqual die verdienstlichen Werke übertreffen würde, die er selbst zuvor verrichtet hatte.

Mitten unter den entzückenden Genüßen, die sich ihm in seiner himmlischen Wohnung von allen Seiten darbieten, ist dieser Gott also nicht ohne Unruhe, welche durch die himmlischen Harmonien der Gandharven, durch die luftigen Tänze der lüsternen Apsarasen nicht ganz zerstreut werden kann. Auch schweifen seine Blicke, durchdringend wie die des Adlers, von Zeit zu Zeit auf der Erde umher, und

verweilen vorzüglich auf jenen düstern Wäldern, in deren
Schatten menschenscheue Anachoreten sich am liebsten zu be=
graben pflegen.   Wenn er einen bemerkt, dessen strenge
Büßungen durch den beinahe errungenen Erwerb vollendeter
Heiligkeit ihm Gefahr bringen könnten, so sendet er also=
bald die reizendste Nymphe seines Hofes an ihn ab, und
trägt ihr auf, alle Mittel aufzubieten, um den tugendhaften
Einsiedler zu verführen.   Wenn dieser der Versuchung unter=
liegt, so ist er genöthigt, seine lange Buße von Neuem zu
beginnen, und während dieser Zeit kann Indras sorglos die
Süßigkeiten der Ruhe genießen.

    Dergleichen Mittel wandte dieser Götterfürst vor etwa
dreitausend Jahren an, um an dem Ufer des Flußes Go=
mati die Buße des Einsiedlers Kandu zunichte zu machen.

Die Einsiedelei des Kandu.

An den geheiligten Ufern des Flußes Gomati, in einem einsamen Walde, deßen Boden Wurzeln, Kräuter und Früchte jeder Art im Ueberfluße trug, wo man nur die Gesänge des tonreichen Gefieders, die flüchtigen Tritte des Hirsches und der schüchternen Gazelle vernahm, lag, weit entfernt vom Getümmel der Menschen, die friedliche Einsiedelei des Kandu.

In diesem wonnigen Aufenthalt ergab der Heilige sich ohne Unterlaß den strengsten Bußübungen. Fasten, Waschungen, Gebete, Entbehrungen ohne Zahl: solche peinliche Pflichten schienen ihm noch allzu süß. Wenn der Sommer die Fluren gewaltig erhitzte, zündete er um sich her vier Feuer an, und fieng mit seiner entblößten Scheitel die Sonnenstrahlen auf; in der regnichten Jahreszeit legte er sich auf den durchnäßten Boden nieder; mitten im Winter hüllten feuchte Gewänder seine vor Kälte starrenden Glieder ein.

Zeugen dieser furchtbaren Büßungen, welche genügten, ihm die Herrschaft über die drei Welten zu erobern, waren die Devas, die Gandharven und die übrigen dem Indras untergegebenen Gottheiten von Bewunderung getroffen.

„Welche erstaunenswürdige Beharrlichkeit! welche Stand=„haftigkeit im Schmerz!" so riefen sie einmal über das andere aus.

Bald gieng indeßen ihre Bewundrung in ernstere Besorgnisse über: sie wünschten ihn der Frucht seiner langen Buße zu berauben. Voll von Bestürzung begaben sie sich

zu ihrem Herrn, und sprachen seine Hülfe an, um ihr Vor=
haben auszuführen.

Der Gott des Firmaments gab ihren Bitten Gehör,
und wendete seine Rede zu der Nymphe Pramnocha *), die
durch ihre Jugend, ihre Schönheit, ihren schlanken Wuchs,
die Perlenreihen ihrer Zähne, und die liebliche Fülle ihres
schwellenden Busens alle ihre Geschwister übertraf.

„Geh, Pramnocha,“ sagte er, „geh mit der Eile des
„Blitzes in die Wildniß, wo Kandu sich angesiedelt hat.
„O Schöne! versäume nichts, um seine Buße zu unterbre=
„chen, und seine Sinne zu bethören.“ —

„Mächtiger Götterfürst,“ erwiderte die Nymphe, „ich
„bin bereit deinen Befehlen zu gehorchen, aber ich zittere für
„mein Leben: ich scheue mich vor jenem erhabenen Einsiedler
„mit dem furchtbaren Blick, dessen Antlitz leuchtet wie die
„Sonne. Welchen verderblichen Fluch könnte er gegen mich
„in seinem Grimme aussprechen, wenn er die Absicht meiner
„Ankunft erriethe! Warum erwählst du nicht lieber zur Aus=
„führung dieses gefahrvollen Unternehmens meine Schwestern
„Urvasi, Menaka, Rambha, Misrakesi, oder andere Nym=
„phen deines Himmels, die so stolz auf ihre Reize sind?“

„Nein!“ dieß gab Sachis göttlicher Gemahl ihr zur
Antwort: „jene Nymphen müssen bei mir bleiben. Auf dich,
„himmlische Schönheit, habe ich meine Hoffnung gesetzt, doch
„will ich dir den Liebesgott, den Frühling, und den Ze=

---

*) Hr. von Chézy schreibt nach der Geltung der Buchstaben
im Französischen Pramnotcha; ich habe die Schreibung, wie immer,
nach der Methode von Wilkins verändert. Der Name könnte hart
scheinen, besonders für eine Nymphe: indessen ist die Endung doch
keine andre als die im Italiänischen so häufig vorkommende auf
occia.

phyr zu Gehülfen geben." Ermuthigt durch diese schmei=
chelhaften Worte machte die Nymphe mit dem lieblichen
Blicke sich alsobald auf, sie durchschwebte mit ihren drei Ge=
fährten die ätherischen Regionen, und alle ließen sich in der
Wildniß nahe bei Kandu's Einsiedelei zur Erde herab.

Einige Zeit irrten sie unter geräumigen Schattengängen
umher, die ihnen das ewige Grün der bezauberten Gärten
Indras darzustellen schienen. Die geschmückte Erde lächelte
sie an, und bot ihnen Blumen und Früchte dar; melodische
Gesänge begrüßten ihren Eintritt. Dort verweilte ihr Blick
auf einem stolzen Mango, hier sahen sie Citronenbäume mit
goldenen Früchten prangen, oder hohe Palmen ihre Kronen
falten; Bananen, Granaten und breitblätterige Feigenbäume
liehen ihnen wechselsweise Schatten und Kühlung.

Geflügelte Scharen, so bunt von Gefieder als mannich=
faltig an Stimmen und Gesang, wiegten sich auf den schwan=
kenden Zweigen und schmeichelten zugleich dem Auge und
dem Ohr.

Hier und da sah man krystallklare Bäche, und kleine
Silberseen, auf deren stiller Fläche sich die purpurnen und
azurnen Blumenkelche des heiligen Lotos erhoben und blen=
dendweiße Schwäne, anmuthig gepaart, gelinde Furchen zo=
gen; während muntere Wasservögel, gelockt von dem Schat=
ten und der Kühle, an den Ufern sich eintauchend und
plätschernd spielten.

Prammocha wurde nicht müde, dieses entzückende Schau=
spiel zu betrachten; jedoch erinnerte sie den Zephyr, den Früh=
ling und den Liebesgott an die Absicht ihrer Reise, und
forderte sie auf, im Einverständniß mit ihr zu handeln, und
das Gelingen ihres Unternehmens zu fördern. Sie selbst

IV. Band. 19

hielt alle Waffen der Schönheit, alle Künste der Bethörung
in Bereitschaft.

„Ach!" rief sie aus, „so werden wir ihn denn sehen,
„den unerschrocknen Lenker von Brahmas Wagen, der sich
„rühmt, das feurige Roß der Sinne unter dem Joche zu
„zähmen! O wie ich für ihn fürchte, daß bei dieser Ue=
„berraschung die Zügel seiner Hand entgleiten werden! Ja
„wäre er Brahma, Vishnus, selbst der unerbittliche Sivas,
„sein Herz wird heute erfahren, was die Pfeile der Liebe
„vermögen."

Mit diesen Worten näherte sie sich der Einsiedelei, wo,
durch die Macht des heiligen Klausners die grimmigsten
Raubthiere ihre Wildheit ablegen mußten. Abwärts am
Ufer des Flußes gesellte sie ihre bezaubernde Stimme zum
Gesange des Kokilas, und ließ lobpreisende Hymnen ver=
nehmen.

Im demselben Augenblicke ergoß der Frühling neue
Reize über die ganze Natur; der Kokilas flötete inniger und
sehnsuchtsvoller: eine unnennbare Harmonie versenkte die
Seele in wollüstiges Schmachten.

Der Zephyr, beladen mit allen Wohlgerüchen seiner
Heimat, der Malaya=Hügel, fächelte die Lüfte gelinde, und
besäete die Erde überall mit den duftendsten Blüthen; der
Liebesgott, mit seinen brennenden Pfeilen bewaffnet, trat in
Kandus Nähe, und verwirrte sein innerstes Gemüth mit
unwillkürlichen Regungen.

Hingerißen von dem melodischen Gesange, schon von
Verlangen trunken, und kaum sich seiner selbst bewußt, eilt
er der Gegend zu, von woher die Töne kommen: er entdeckt
die Schöne, und steht in Staunen verloren bei dem Anblick
der Reize, welche die Nymphe vor seinen Augen entfaltet.

„Wer bist du? welcher Herkunft rühmst du dich, himm=
„lisches Wesen?" ruft er aus: „du, deren schlanker Wuchs,
„deren zartgeschwungene Augenbrauen, deren bezauberndes
„Lächeln mich aller Herrschaft über meine Sinne beraubt?
„Ich beschwöre dich, sage mir die Wahrheit." —

„Du siehst in mir," erwiderte Pramnocha, „die demü=
„thigste der Dienerinnen, die nur beschäftigt war, diese Blu=
„men zu pflücken. Gebieter! laß mich deine Befehle wißen.
„Sage, was kann ich thun, um dir gefällig zu sein?"

Bei diesen holbseligen Worten schwand die ganze Stand=
haftigkeit Kandus dahin; er ergriff die Hand der jungen
Nymphe, und führte sie mit sich in seine Waldhütte.

Der Liebesgott, der Frühling und der Zephyr sahen
nun, daß es ihrer Bemühung nicht mehr bedürfe. Sie er=
hoben sich zu den ätherischen Regionen, und erzählten den
hocherfreuten Göttern das Gelingen ihres schlauen Ueber=
falls.

Durch die Wunderkraft, welche seine Büßungen ihm
erworben hatten, verwandelt unterdessen Kandu sich augen=
blicklich in einen Jüngling von überirdischer Schönheit.
Himmlische Gewänder, Kränze, gleich denen, womit die
Götter sich schmücken, erhöhten noch die Lieblichkeit seiner
Gestalt; und die Nymphe, die bloß ihn zu bestricken ge=
wähnt hatte, fühlte sich selbst wiederum bestrickt.

Fasten, Gebete, Opfer, beschauliche Andacht, alle
frommen Pflichten unterblieben, und wurden gänzlich ver=
geßen. Tag und Nacht einzig mit seiner Leidenschaft be=
schäftigt, bedachte der arme Einsiedler nicht die Störung,
welche seine Buße erlitt, und in der Fülle der Liebesfreuden
entflohen die Tage ihm unbemerkt.

Schon waren mehrere Monate in immer sich erneuern=

19*

dem Entzücken verfloßen, als Pramnocha ihm den Wunsch
ausdrückte, in ihre himmlische Heimat zurück zu kehren; aber
Kandu, mehr und mehr an sie gefeßelt, beschwor sie noch
zu verweilen. Die Nymphe willigte ein, aber nach einiger
Zeit kündigt sie ihm ihr Vorhaben von Neuem an. Der
Einsiedler bietet wiederum Alles auf, um sie zu überreden;
Pramnocha, aus Besorgniß einen furchtbaren Fluch auf ihr
Haupt zu laden, verlängert ihren Aufenthalt zum zweiten
Male. Immer inniger wurde seine Liebe, er verließ sie
keinen Augenblick mehr. Eines Abends, als er an ihrer
Seite saß, sah sie mit Erstaunen, daß er plötzlich aufstand,
und seine Schritte einem geweihten Haine zuwendete. „Wo-
hin?“ rief sie ihm nach, „welcher Gedanke störet dich?“ —

„Siehst du nicht,“ erwiderte Kandu, „daß der Tag sich
„eben zu Ende neigt? Ich eile das Abendopfer zu verrich-
„ten! meine frommen Uebungen dürfen nicht die mindeste
„Unterbrechung leiden. —

„Nun wohl, vollkommener Weiser! warum gilt dieser
„Tag dir mehr als hundert andere? Wenn auch dieser un-
„gefeiert vorübergienge, wie alle die übrigen, welche seit so
„manchen vollen Monaten uns verfloßen sind, wer würde es
„denn bemerken, oder sich daran ärgern?“ —

„Wie?“ sagte der Anachoret: „ist es nicht eben heute
„Morgen, o liebliches Weib, daß ich dich an dem Ufer des
„Flußes gewahr ward, und dich in meine Einsiedelei auf-
„nahm? Ist nicht zum ersten Male die Abendröthe Zeugin
„deiner Gegenwart in diesem stillen Wohnsitze? Sage mir,
„was bedeutet denn diese Rede, und das spottende Lächeln,
„das auf deinen Lippen schwebt?“

„Und wie sollte ich nicht,“ gab sie zur Antwort, „über
„deinen Irrthum lächeln, da seit diesem Heute Morgen, wo-

„von du sprichst, die Jahreszeiten ihren kreißenden Umlauf „beinahe vollendet haben?“ —

„Wie? so ist es Wahrheit, was dein Mund mir be= „theuert, o allzuverführerische Nymphe, oder vielmehr nur „ein Scherz? Es dünkt mich doch immer, daß ich nur ei= „nen Tag an deiner Seite verlebt habe.“ —

„So kannst du den Argwohn gegen mich hegen, daß „ich es wagen sollte, einen ehrwürdigen Brahmanen zu be= „lügen, einen heiligen Einsiedler, der das Gelübde that, sich „niemals von dem Pfade der Weisheit auch nur einen Schritt „zu entfernen?“ —

„O wehe! wehe mir!“ rief der unglückliche Brahmane, vor dessen Blick die Täuschung sich endlich zerstreute. „O „für ewig verlorne Frucht meiner langen Büßungen! Alle „jene verdienstlichen Werke, alle jene den Lehren der heiligen „Bücher gemäße Handlungen sind also vernichtet durch die „Verführung eines Weibes? Flieh! fliehe weit von mir, „Treulose! Deine Sendung ist vollendet!“ —

Druck von J. B. Hirschfeld in Leipzig.

Lightning Source UK Ltd.
Milton Keynes UK
UKOW07f0610261017
311676UK00009B/576/P

9 781279 922